INHALT

Deutschland

Alpenreise
Die deutsche Eisenbahn am Rande der europäischen Bergkette 2

Von München nach Innsbruck
Impressionen einer Fahrt auf der Karwendelbahn 14

Erinnerungen an den Gläsernen Zug
Mit seinen Fahrten war er ein häufiger Gast in den Alpen 22

Der Weg durch das Inntal
Von München über Kufstein nach Innsbruck 24

Zahn um Zahn, steil bergan
Zwei Bergbahnen erschließen deutsvhe Alpengipfel 26

Viele Grüße aus den Alpen
Post aus den Bergen für die Daheimgebliebenen 28

Österreich

Erste Gebirgsbahn der Welt
Die Semmeringbahn Wien – Bruck – Graz – Spielfeld 30

Zur Kur nach Bad Gastein!
Die Tauernbahn Schwarzach-St. Veit – Spittal-Millstättersee 32

Gebirgslokomotiven
Die Triebfahrzeuge an Österreichs Alpenpässen 34

Auf Römerpfaden
Die Brennerbahn Innsbruck – Franzensfeste – Bozen 40

Anschluß an den Rest der Monarchie
Die Arlbergstrecke Innsbruck – Landeck – Bludenz 44

Ein altösterreichischer Traum
Bei der Rittnerbahn scheint die Zeit stehengeblieben zu sein 49

Dampf am Erzberg
Berühmte Zahnradbahn für den Güterverkehr 52

Titelaufnahme: Beckmann; Rücktitel: Eisenschink; S. 3: Edingshaus, Sydow, Slg. Asmus, Beckmann

Die Rhätische Bahn ist eine der bekanntesten Schweizer Bahnverwaltungen. S. 70

Schweiz

Wege durch Felsen und Eis
Schienen zwischen den höchsten Gipfeln Europas 54

Krokodile und andere Ungeheuer
Die Altbau-Elloks auf den Schweizer Bergstrecken 60

Auf Schienen und an Seilen
Schweizer Bergbahnen laden zu traumhaften Ausflügen ein 66

Bündner Gebirgsbahn
Die Rhätische Bahn im Schweizer Kanton Graubünden 70

Glacier-Express
Die Fahrt mit dem langsamsten Schnellzug ist eine Reise wert 74

Alte Gebirgsbahnen, neue Transversalen
Statt Alpenpanorama: Tunnelfahrt durch Felsgestein 76

Neue Züge und alte neue Züge
Kleine Innovationen bei der SBB 80

Engadin Star
Eine Rundreise durch Graubünden 88

Tunnelitis
Lötschberg-Scheiteltunnel und Lötschberg-Basistunnel 90

Bilder aus der Schweiz
Impressionen aus dem Bahn-Wunderland 94

Abenteuerliche Touren

Erlebnisreiche Bahnfahrten

AUFNAHMEN: STUDER, GOHL (2), EDINGSHAUS

Alpen-*Reise*

AUFNAHMEN: EISENSCHINK, SLG. KNIPPING

Von Slowenien zieht sich über Teile von Österreich, Deutschland, Italien, der Schweiz und Frankreichs das höchste europäische Gebirge, die Alpen. Berggipfel von dreitausend bis viertausenddreihundert Metern Höhe, gekrönt vom 4810 Meter hohen Montblanc, erstrecken sich bogenförmig über etwa 1200 Kilometer in der Länge und bis zu 300 Kilometer in der Breite. Die Alpen sind Klima- und Wasserscheide zwischen Mittel- und Südeuropa, Ursprung bedeutender Flüsse, Heimat seltener Tier- und Pflanzenarten, vom Tourismus bevorzugte Region nicht nur im Winter und nicht zuletzt ein Hindernis auf der Reise von Nord nach Süd oder umgekehrt.

Diese Bergkette, die in der Tertiärzeit vor 60 Millionen Jahren entstand, als Europa in seinen heutigen Formen gebildet wurde, ist erdgeschichtlich noch jung. Früher breitete sich an ihrer Stelle ein gewaltiges Meer aus. Als die Wassermassen zurückgingen, hob sich der vor allem aus Kalkalgen und Korallen bestehende Meeresboden an. Durch gewaltigen Druck wurden die Meeresablagerungen gefaltet, geschichtet und übereinandergeschoben. Während der Eiszeit bekamen die Alpen ihren „letzten Schliff". Gewaltige Gletscher, deren Reste auch heute noch zu bestaunen sind, bildeten sich: der Aletschgletscher in den Berner Alpen, der Gornergletscher am Monte Rosa sowie das Mer de Glace am Montblanc zählen dazu.

Die Alpen schützen Italien vor den kalten Nordwinden und fördern an ihren Rändern

Österreich kennen viele Bahnreisende nur als Transitland auf ihrem Weg nach Süden. Dabei lohnt es immer auszusteigen – auch wenn die Einsätze von Altbau-Elloks (Fieberbrunn, 1983) ebenso Geschichte sind wie der Dampfbetrieb auf der Tauernbahn (Oberfalkenstein um 1930)

hohe Niederschläge. Bekannt dafür sind das Salzkammergut und der Bregenzer Wald. Im Engadin, dem Eisenbahnfreund durch die Rhätische Bahn bekannt, sowie im Wallis regnet es dagegen selten; diese Täler sind von den Alpen umschlossen. Eine weitere Wettererscheinung ist der warme Fallwind, der von den Höhen in die Täler herabsteigt und den Menschen oft genug Kopfschmerzen bereitet: der Föhn. Er sorgt dafür, daß die Luft klar und die Fernsicht überragend ist. München mit schneebedeckten Gipfeln im Hintergrund ist nur bei Föhnwetterlage zu bewundern.

Einem übergroßen Riegel gleich versperren die Alpen den direkten Weg von Nord- nach Südeuropa. Die moderne Technik hat mittlerweile Wege gefunden, Menschen und Material über das Gebirge zu bringen, doch früher waren die Gipfel als Sitz böser Geister verschrien und wurden gemieden. Man vermutete allerhand Unheil, wenn Nebel die mächtigen Berge einhüllte, wenn Donnergrollen von den Felswänden widerhallte und Schnee, Regen und Stürme von den Bergen herabwehten. Erst seit dem 19. Jahrhundert interessierten sich die Menschen für die grandiose und einsame Bergwelt. Wege entstanden, aus denen Straßen und Autobahnen wurden, Ortschaften wurden gegründet, und auch das stählerne Band der Schienen machte keinen Halt mehr vor den Alpen.

Zunächst verhinderte der Winter eine ganzjährige Passage der Alpenpässe, doch mit

AUFNAHMEN: NIEDT, SLG. SCHRICKER

Ganz weit im Süden Bayerns erheben sich, als seien sie plötzlich aus dem Boden gewachsen, die ersten schroffen Bergwände. Großes Bild: Karwendelmassiv zwischen Kaltenbrunn und Klais, kleines Bild: Zugspitze und Zugspitzbahn, 1930

AUFNAHMEN: U. WEHMEYER, SLG. KNIPPING

dem Bau von Tunnels hat auch diese Jahreszeit viel von ihrer Unbeständigkeit eingebüßt. Simplon, St. Gotthard, Lötschberg und Arlberg wurden mit großem Aufwand durchbohrt, die Eisenbahnnetze Nord- und Südeuropas miteinander verbunden. Dem Straßenverkehr dienten zunächst weiter die Paßstrecken oder die Eisenbahn, auf die die Autos verladen wurden. Seit den sechziger Jahren des 20. Jahrhunderts führen jedoch auch Straßen unter den Alpengipfeln hindurch: Montblanc, Großer St. Bernhard, San Bernadino und Felbertauern sind bezwungen.

Einst war das nicht so einfach. Kaum jemand hatte in vorindustrieller Zeit einen Grund, weite Reisen zu unternehmen. Oft genug beschränkte sich der geographische Horizont auf die nähere Umgebung des Dorfes und der Stadt, in der man lebte. Reisen war anstrengend, nur auf Schusters Rappen oder zu Pferde kam man voran. Trotzdem gab es Reisende, und die berichteten dann und wann von fernen Ländern, von Reichtum und Schönheit der Region. Diese Gebiete zu erobern, war schon seit altersher Wunsch vieler Herrscher, weshalb Soldaten und Spähtrupps, Kundschafter und Missionare immer zu den Fernreisenden gehörten. Hannibal überquerte die Pyrenäen und die Alpen bereits im Jahre 218 vor Christus, auf dem verlustreichen Zug nach Norditalien bediente er sich Elefanten als Transportmittel! Der römische Imperator Julius Cäsar war in den Alpen unterwegs:

Damit der Schienenstrang die Alpen überqueren konnte, waren zwischen Berg und tiefem Tal kühne Brückenschläge vonnöten. Großes Bild: Trisanna-Brücke an der Arlbergstrecke (Mai 1996), kleines Bild: die Muttergraben-Brücke in den Anfangsjahren der Stubaitalbahn

getragen von Dienern in einer Sänfte. Von ihm heißt es, daß ihn die Wildheit der Berge erschreckte und er die ledernen Vorhänge an seiner Sänfte fest geschlossen hielt. Vielleicht waren es auch die römischen Götter, die meist als Naturgewalten auftraten, die ihm in den Alpen das Fürchten lehrten.
Die Wildheit und Unberührtheit inspirierte später Dichter und Maler, sich der Bergwelt zuzuwenden. Sie hielten die geheimnisvolle Stimmung der Gipfel, Felsen, Schluchten und Täler fest und trugen somit dazu bei, die Alpen bekannt zu machen.
Dem aufkeimenden Wunsch der Menschen folgend, eroberten die Schienen die Bergwelt, ermöglichte technischer Pioniergeist den Bau von Eisenbahnen auch dort, wo Gipfel zu steil, Gestein zu hart und Wetterunbilden zu heftig schienen. Serpentinen, Kehrtunnels, Zahnradbahnen, schmalere Spurweiten, lange Scheiteltunnel, mächtige Schneeschleudern und anderes mehr wurde entwickelt, um die Bergwelt der Alpen zu erschließen. Gerade die Schweiz ist bis heute ein Paradebeispiel für den Bau von Bergbahnen, Zahnradbahnen und Seilbahnen. Kaum ein Gipfelkreuz, in dessen Nähe nicht ein Schienenweg oder eine Seilbahn führt.
Die schönsten und wichtigsten Alpenbahnen wollen wir Ihnen hier in wunderschönen Bildern und informativen Texten vorstellen. Lassen sie sich entführen in die Bergwelt der Alpen!

FRANK PFEIFFER

AUFNAHMEN: BECKMANN, SLG. KNIPPING

Kühne Streckenführungen und bärenstarke Lokomotiven – die Schweiz ist für jeden Eisenbahnliebhaber das Traumland schlechthin. Großes Bild: Sisikon, Juli 1985, kleines Bild: achtachsige Ellok Nr. 201 der Bern-Lötschberg-Simplon-Bahn, aufgenommen 1936

HOTEL

Hohen Gipfeln entgegen

Die deutsche Eisenbahn am Rande der europäischen Bergkette

Ohne Fahrdraht, dafür mit Telegrafenleitung: die Strecke nach Bayrischzell, am Fuße des Wendelstein

Zunächst vergebens sucht man in Deutschland die Alpen. Erst weit im Süden, in Oberbayern und Teilen des Allgäus, findet man Ausläufer dieser mächtigen Bergkette in der Mitte Europas. Südlich des Chiemsees, jenseits von Rosenheim, hinter Garmisch-Partenkirchen erscheinen die Gipfel, werden die Berge so hoch, daß Bäume keinen Lebensraum mehr finden und blanker Fels die Szenerie beherrscht.

Das vereinfachte den Eisenbahnbau in Deutschlandgegenüber seinen Nachbarländern, da hohe Pässe und tiefe Täler den Bahnbau hier nur selten störten. Für den Weg in den Süden Europas wurden von Bayern aus zwei wichtige Wege in die Alpen angelegt: die Strecke München – Kufstein – Innsbruck und die kürzere, aber aufwendigere Route München – Mittenwald – Innsbruck.

Erstere nutzt, den natürlichen Gegebenheiten folgend, das Inntal und den Inndurchbruch bei Kufstein. Hier schuf sich der Fluß im Laufe der Zeit einen Weg durch die nördlichen Kalkalpen. Neben einer wichtigen und alten Handelsstraße fand auch die Eisenbahn an dieser Stelle Platz.

Wesentlich komplizierter wurde der Bau der Strecke von Garmisch nach Innsbruck über Mittenwald und Seefeld. Zwar liegt der eigentliche Scharnitzpaß nicht einmal tausend Meter über dem Meeresspiegel, doch gestaltete sich der Abstieg hinab ins Inntal vor Innsbruck zu einem gewagten Unterfangen. Mühsam wurde mit Kehren, Brücken, Tunnels und Lawinenvorbauten der Weg ins Tal angelegt.

Weitere Eisenbahnen erschließen von Deutschland aus die nördlichsten Ausläufer der Alpen. Bekannt sind hier die Allgäubahn von Garmisch-Partenkirchen über Seefeld und Pfronten nach Kempten im Allgäu, die Strecken von München nach Lenggries, Tegernsee und Bayrischzell sowie die Verbindung von Freilassing nach Berchtesgaden. Alle diese Bahnen liegen im Schatten der großen Gipfel. Nicht zuletzt deswegen und, um beliebte Ferien-, Erholungs- oder Wanderziele zu erreichen, werden sie heute von Ausflüglern und Touristen gerne genutzt. Und sie tragen dazu bei, die – vor allem in der Urlaubszeit – hoffnungslos verstopften Straßen in Oberbayern wenigstens ein Stück weit zu entlasten.

Nur für kurze Zeit waren 229er auf der Allgäubahn im Einsatz (bei Bräunling, September 1994)

AUFNAHMEN: EDINGSHAUS (2), EISENSCHINK (2)

Im Berchtesgadener Land ist die RegionalBahn Anfang Oktober 1996 auf dem Weg nach Winkl

Kombinierter Ladungsverkehr auf der Magistrale München – Salzburg: Die Brummifahrer haben Zeit, den Sonnenuntergang zu genießen (bei Axdorf)

Bis nach Garmisch-Partenkirchen gelangt an Wochenenden auch der ICE. Während dort seine Fahrt endet, beginnt der landschaftlich reizvolle Teil erst im Anschluß

Von München nach Innsbruck

Impressionen einer Fahrt auf der Karwendelbahn

Im Gegensatz zur Eisenbahnstrecke von Rosenheim über Kufstein nach Innsbruck gestaltete sich der Bau der Trasse von Garmisch-Partenkirchen über den Scharnitzpaß nach Innsbruck deutlich problematischer. Besondere Schwierigkeiten bereitete der Abstieg ins Inntal. An steilen Felswänden entlang tastet sich hier die Bahnlinie über Brücken und durch Tunnel hinab in Tirols Hauptstadt und gestattet dabei dem Reisenden eine faszinierende Aussicht

Vor allem im Winter besitzt die Strecke große touristische Bedeutung

AUFNAHMEN: EISENSCHINK, DB/SLG. KLEE

Dichter Nebel in München läßt den Eisenbahnreisenden aus dem hohen Norden daran zweifeln, ob heute der richtige Tag für eine Fahrt in die Alpen, durch die Alpen oder gar über die Alpen sein könnte. Doch das Hotel ist früh am Morgen verlassen, der Tag für diesen Ausflug schließlich eingeplant und die Brotzeit eingepackt.

Die acht Wagen des RegionalExpress München – Innsbruck sind um acht Uhr an diesem Donnerstagmorgen gut besetzt, als die 111 sie aus dem Starnberger Flügelbahnhof heraus durch das Gleisgewirr des Hauptbahnhofs führt. Auf dem Weg gen Süden ist draußen nichts zu sehen; wenige Meter beiderseits des Bahndamms verschlucken die Nebelschwaden jeden Baum und jeden Strauch.

Der sinnlose Versuch, mit starrem Blick doch etwas aus dem dahineilenden Zug zu erkennen, endet bald mit schmerzenden Augen. Allein die kurzen Halte in den Bahnhöfen bringen „Licht ins Dunkel" beziehungsweise in den Nebel. Vielleicht sollten wir in Garmisch-Partenkirchen einfach aussteigen und den Anblick der grandiosen Bergwelt auf einen späteren Urlaub verschieben? Was aber, wenn es jenseits des Karwendelgebirges doch besser ist? Schließlich sind die Alpen eine bedeutende Wetterscheide. Die Frage der Weiterfahrt beantwortet das Wetter von selbst. Kurz vor Garmisch, bei Eschenlohe, lichtet sich der Nebel und läßt – einem Theatervorhang gleich – die Kulisse der heutigen Fahrt in herrlichster Morgensonne erscheinen: schneebedeckte Berge, deren Grate und Felsen sich messerscharf gegen den tiefblauen Himmel abzeichnen. Darunter, in tieferen Lagen, bunte Bergwälder, die Mitte September ihre ganze Pracht entfaltet haben. Was für ein Anblick! Auch wir Ortsfremden erkennen nun, da der Zug den Bahnhof von Garmisch-Partenkirchen beinahe erreicht hat, die Zugspitze, die Wettersteinwand, die Kramer-Spitze und andere Felsformationen. Nun ja, den Namen Kramer-Spitze haben wir von der Karte abgelesen, die im Reisegepäck steckt.

Über den Scharnitzpaß nach Österreich

Vor allem der Blick aus den Fenstern der rechten Seite läßt den Betrachter hinter Garmisch – wir sind nun auf der Karwendel- oder Mittenwaldbahn – gierig die Motive aufnehmen, die sich hinter jeder Biegung der Strecke ergeben. Klais wird passiert, der höchstgelegene InterCity-Bahnhof Deutschlands auf 933 Metern Seehöhe. Der idyllische Schmalensee gleitet gleichsam einem Gemälde am Auge des glücklichen Bahnreisenden vorbei und schon ist Mittenwald, die Geigenbauer-

Bei Scharnitz überschreitet die Karwendelbahn die deutsch-österreichische Grenze (14. Februar 1994)

Noch lange Zeit waren auch im Bahnhof Klais die Altbau-Elloks der Reihe 194 anzutreffen (24. Januar 1981)

AUFNAHMEN: EISENSCHINK, F. LÜDECKE

Unweit hinter der österreichischen Grenze bedient die Münchner 113 268 den Regionalverkehr auf der Strecke Garmisch – Reutte (14. Februar 1993)

Auf den Spuren der LAG: Murnau – Oberammergau

Auf dem Weg von München nach Innsbruck lohnt es sich, im Bahnhof Murnau den Zug zu verlassen und der Lokalbahn von Murnau nach Oberammergau einen Besuch abzustatten. Seit Beginn dieses Jahrhunderts fahren Züge durch das Ammertal am Murnauer Moos vorbei, lassen den Staffelsee rechter Hand liegen, passieren Bad Kohlgrub und erreichen nach 24 Kilometern den durch seine alle zehn Jahre stattfindenden Passionsspiele weithin bekannten Ort Oberammergau.

Die Strecke selbst erlangte überregionale Bekanntheit durch die Elektrifizierung mit Einphasen-Wechselspannung bereits im Jahre 1905. Auch die jahrzehntelang hier eingesetzten, zweiachsigen Elektrolokomotiven der Baureihe 169 waren bis zu ihrer Außerdienststellung im Jahre 1981 unter Eisenbahnliebhabern gern gesehen.

Bis 1938 wurde die Strecke unter der Regie der Lokalbahn-Aktiengesellschaft München (LAG) betrieben. Heute läßt die Deutsche Bahn Regionalbahnen mit Lokomotiven der Baureihe 141 im Stundentakt über die Strecke fahren, deren landschaftlicher Reiz im Voralpengebiet über alle Zeiten geblieben ist. Und Oberammergau lohnt auch ohne Passionsspiele einen Besuch. Holzschnitzer sind seit jeher hier angesiedelt, und das Handwerk der Holzbildhauerei kann an einer Fachschule erlernt werden. Kloster Ettal und Schloß Linderhof befinden sich in der Nähe der Stadt, der Weg nach Garmisch-Partenkirchen über den Ettaler Sattel ist ebenfalls nicht allzu weit. ●

Jahrzehntelang war die Baureihe 169 auf der Nebenbahn von Murnau nach Oberammergau im Einsatz

AUFNAHMEN: EISENSCHINK, ARCHIV GN

stadt, erreicht. Ohne Grenzkontrolle passieren wir den Scharnitzpaß und erreichen Österreich, wo Seefeld der nächste bekannte Ort ist. Hier treffen wir auf einen Fahrverschubzug (vergleichbar mit einer Übergabe) der ÖBB, der von Innsbruck kommend den lokalen Güterverkehr nach Seefeld und Scharnitz besorgt. Eine kantige Lok der Baureihe 1063 ist vor den vier Güterwagen auszumachen.

Seefeld hat sein Erscheinungsbild seit der Entdeckung als bevorzugter Wintersportort und der Austragung der Olympischen Winterspiele gewandelt. Nicht zum Vorteil, wie wir beim Blick aus dem Zug finden. Wenig stilvolle Hotels und ein zersiedelter Stadtrand haben dem Ort einiges seiner früheren Schönheit genommen.

Kühn trassierter Abstieg ins Inntal

Bald werden unsere Gedanken wieder von der Bergwelt in Beschlag genommen, denn der nun folgende Abstieg der Karwendelbahn ins Inntal nach Innsbruck ist außerordentlich kühn trassiert und bietet Ausblicke von bezaubernder Schönheit. Weit unten fließt der Inn, rollen auf der Arlberg-Bahnlinie Züge wie Spielzeugeisenbahnen. Selbst ein vom Innsbrucker Flughafen startendes Flugzeug kann vom Zug aus – unterbrochen durch einige kürzere Tunnels – hervorragend beobachtet werden. Sein Rumpf glänzt in der Morgensonne und hebt sich perfekt vor dem wolkenlosen, blauen Himmel ab.

Beim Bau der Bahntrasse konnte der stellenweise fast senkrecht abfallenden Felswand gerade soviel Platz abgerungen werden, wie nötig war, um die Strecke unterzubringen. Der Blick vom Inntal hinauf läßt Bewunderung für die Bahnbauer aufkommen, die dort einen Weg suchten und fanden, die Strecke hinauf ins Gebirge zu legen.

Die Hungerburgbahn

Direkt am Ufer des Inns neben dem Gebäude mit dem berühmten Rundgemälde beginnt die Hungerburgbahn, die auf 837 Metern Länge einen Höhenunterschied von 290 Metern bewältigt, um zum Stadtteil Hungerburg zu gelangen. Die Standseilbahn wird im Pendelbetrieb mit zwei Wagen, die sich in Streckenmitte in einer Ausweiche begegnen, betrieben. Seit 1906 funktioniert das System, heute kommen moderne Wagen mit einem Fassungsvermögen von 90 Personen zum Einsatz. Wer will, kauft die Kombifahrkarte, mit der er von der Hungerburg aus mit der Kabinenseilbahn weiter auf gut zweitausend Meter Höhe direkt an die Nordkette vorstoßen kann. ●

Reisezug, bespannt mit der Baureihe 1060, bei einem Unterwegsaufenthalt im Bahnhof Hochzierl

Die Baureihe 1070 war auf der Karwendelbahn überwiegend im Güterverkehr eingesetzt

An der Felswand ist kaum Platz für die Bahntrasse, auf der ein Personenzug mit der Baureihe 1060 fährt

AUFNAHMEN: KRUTTAK/SLG. ASMUS

Die Karwendelbahn verläuft nicht nur entlang schroffer Felswände, auch solche Abschnitte lassen sich finden. 113 265 bei Seefeld (31. Oktober 1993)

Am 1. August 1993 befährt der IC 118 die eingleisige Alpenstrecke bei Schmalensee (unten). Ein beliebtes Motiv ist die Schloßbachbrücke (rechts)

AUFNAHMEN: WAGNER, EISENSCHINK (2)

In Innsbruck angekommen lädt das Wetter zu einem Bummel durch die Hauptstadt Tirols ein, deren Sehenswürdigkeiten wie das Goldene Dachl oder die Hofkirche eine Pflicht für den Besucher darstellen. Die Tips und Ratschläge, die uns eine ältere Dame vorhin im Zug mit auf den Weg gegeben hat, erweisen sich als hilfreich: das empfohlene Kaffeehaus bietet tatsächlich einen hervorragenden Apfelstrudel. Beim Gang durch die Stadt sind die Alpen stets im Blick: hier die Nordkette mit der vorgelagerten Hungerburg, die durch eine Standseilbahn zu erreichen ist; dort die Stubaier Alpen, die von der gleichnamigen Stubaitalbahn erschlossen werden; und schließlich die Tuxer Voralpen. Gut, daß wir heute im Nebel in München abgefahren sind!

Die Karwendelbahn und die Außerfernbahn sind nach einem Staatsvertrag zwischen Bayern und Österreich, der eine Bahnlinie von Pfronten in Bayern über das österreichische Außerfern ins bayerische Garmisch und weiter über Mittenwald nach Innsbruck zum Gegenstand hatte, 1904 in Angriff genommen worden. Im Mai 1913 wurde der Gesamtverkehr aufgenommen, wobei die Karwendelbahn von Anfang an elektrisch mit dem auch heute üblichen Einphasen-Wechselstromsystem betrieben wurde.

Große touristische Bedeutung

Die Karwendelbahn hat heute eine erhebliche Bedeutung im touristisch geprägten Reiseverkehr. Bis Mittenwald fahren stündlich Regionalzüge von München aus; alle zwei Stunden verkehren diese Züge weiter bis Innsbruck. Zur bequemen Anreise für Urlauber werden auch die ICs „Karwendel“ und „Wetterstein“ bis Seefeld und Innsbruck geführt. Der Güterverkehr hat nur noch wenig Bedeutung, neben dem Nahgüterverkehr rollen einzelne Vieh- und Südfruchtzüge über die Karwendelbahn.

Auf der Außerfernbahn ist zwar Verkehrspotential vorhanden, ein schlüssiges Konzept für die Strecke fehlt aber. So läßt die vernachlässigte Fahrleitung zwischen Garmisch und Reutte heute nur noch die Korridorzüge nach Innsbruck mit elektrischen Fahrzeugen zu, der übrige Personen- und Güterverkehr wird mit österreichischen Dieseltriebwagen und deutschen Rangierloks abgewickelt. Zwischen Reutte und Pfronten wurde kürzlich sogar der gesamte Verkehr eingestellt und auf Busse umgestellt. Die Sparpolitik – sowohl der ÖBB wie auch der DB – sieht die Außerfernbahn als kostspieliges Teilstück beider Netze an, welches zu erhalten sich kaum lohnt.

Frank Pfeiffer

Per Straßenbahn in die Alpen: Die Stubaitalbahn

Eine meterspurige Überlandstraßenbahn in den Alpen, betrieben mit einst in Hagen (Westfalen) verkehrenden Straßenbahnen, das ist die Stubaitalbahn. 1904 eröffnet und von Beginn an elektrisch betrieben, ist sie heute in das Innsbrucker Nahverkehrsnetz integriert und wird mit achtachsigen Zweirichtungsgelenkwagen befahren, die in Innsbruck aus sechsachsigen Hagener Triebwagen und Bielefelder Mittelteilen zusammengesetzt wurden. Gleichwohl ist die Stubaitalbahn eine eigenständige Gesellschaft, ihre Wagen nutzen aber in Innsbruck die Straßenbahngleise mit. Zwei Tunnel, davon ein Kehrtunnel mit 160 Metern Länge und einem Radius von 45 Metern, die Mutterer- sowie die Klausbachgrabenbrücke, die die Straßenbahn fast dreißig Meter über die Talsohle führen und nicht zuletzt die reizvolle Landschaft des Stubaitales, in welchem die Bahn bis auf eintausend Meter Höhe vordringt, machen die 18 km lange Fahrt zu einem Erlebnis nicht nur für Eisenbahn- und Straßenbahnfreunde.

Wer Glück hat, erlebt vielleicht auch den Einsatz eines historischen Zuges auf der Strecke. Originalfahrzeuge der Stubaitalbahn aus der Eröffnungszeit und solche der zweiten Innsbrucker Überlandbahn, der längst eingestellten Lokalbahn Innsbruck – Hall in Tirol, stehen dafür zur Verfügung. ●

Lange Zeit verkehrten auf der Stubailtalbahn ehemalige Straßenbahnfahrzeuge aus Hagen

AUFNAHMEN: SLG. KNIPPING

Vor dem Zugspitzmassiv verläßt die EP 5 (DRG-E 52) Garmisch-Partenkirchen mit einem Personenzug in Richtung München

Umrahmt vom Karwendelgebirge liegt der Bahnhof Innsbruck, aus dem gerade ein Güterzug mit zwei Maschinen der Reihen 1020 (ÖBB) bzw. 194 (DB) ausfährt

AUFNAHMEN: SLG. GLÖCKNER, WAGNER

AUFNAHMEN: EISENSCHINK (2), GEISENFELDER, SLG. KNIPPING

Ein trauriges Ereignis mit einem Todesopfer setzte am 12. Dezember 1995 in Garmisch-Partenkirchen dem wohl erfolgreichsten Zug der Deutschen Bahn ein vorläufiges Ende. Zwar versprach Bahn-Chef Dürr nach dem Unfall, den „Gläsernen Zug" wieder aufzubauen. Doch ist dies aufgrund der zu erwartenden Kosten recht unwahrscheinlich. Dabei fand der 1935 gebaute elektrische Aussichtstriebwagen mit den markanten Dachfenstern von Beginn an Anklang bei den Fahrgästen.

Im November 1995 überquert der Gläserne Zug den Schloßbachviadukt auf der Karwendelbahn

Erinnerungen an den *Gläsernen Zug*

Kaum eine landschaftlich reizvolle Strecke, die der ET 91 001 nicht befahren hat. Beinahe täglich war er unterwegs, meist in Südbayern oder Österreich. Ob die Überlegung, Stadtbahnwagen der Baureihe 450 für solche Fahrten einzusetzen, ähnlich erfolgreich sein wird, bleibt fraglich. Kein anderes Produkt der Bahn hat das Motto „Der Weg ist das Ziel" so sehr geprägt wie der „Gläserne". ●

Die Bezeichnung „Gläserner Zug" reichte der DB als Markenzeichen auf dieser Postkarte aus

Ein rares Bild: der 491 ohne Fahrgäste (Bad Gastein, 1995; links)

Im Januar 1985 führt die Reise an Axdorf vorbei (unten)

Von Kufstein kommend ist die 1044 230 mit einem Durchgangsgüterzug auf der Inntalbahn in Richtung München unterwegs (bei Oberaudorf, 12. Oktober 1994)

Der Weg durch das Inntal

Hauptabfuhrstrecke von München über Kufstein nach Innsbruck

Eine der wichtigsten Strecken von Deutschland nach Süden führt von München über Rosenheim und Kufstein nach Innsbruck. Vor allem der Verkehr nach Italien rollt über diese Trasse. Neben zahlreichen Reisezügen sorgen besonders die Güterzüge für einen regen Betrieb im Inntal. Zusätzlich muß die Strecke einen Teil des innerösterreichischen Verkehrs aufnehmen, der über eine Verbindungskurve bei Rosenheim statt durch Bergtäler abgewickelt wird

Für den Durchgangsverkehr von Deutschland nach Italien hat die Strecke München – Kufstein – Innsbruck die wohl größte Bedeutung sowohl im Personen – als auch im Güterverkehr. Der Abschnitt von München nach Rosenheim verläuft weitgehend unspektakulär durch die Voralpenlandschaft, erst auf dem weiteren Weg werden Berge sichtbar, wird das Tal enger, um schließlich zwischen dem deutschen Kiefersfelden und dem österreichischen Kufstein zusammen mit dem Inn, einer Bundesstraße und einer Autobahn die nördlichen Kalkalpen zu durchbrechen. Seit 1858 ist die Eisenbahn hier am Verkehrsgeschehen beteiligt, seit 1927 mit elektrischen Lokomotiven und erst seit 1939 durchgehend mit zwei Gleisen.

Auf dem österreichischen Teil nennt sie sich Nordtiroler Bahn und passiert neben romantischen Städten, Burgen und Ruinen im Unterinntal auch Jenbach, einen für Eisenbahnfreunde ungeheuer wichtigen

Grenzenlos: Zementbahn Kiefersfelden

Die einzige grenzüberschreitende Werkbahn Deutschlands ist die Zementbahn der Portland-Zementwerke. Während die Produktion in Deutschland erfolgt, wird der Kalkstein in Österreich abgebaut und seit 1926 mit der Werkbahn auf Meterspur über die Grenze befördert. In den Sommermonaten können auch Reisende den „kleinen Grenzverkehr" erleben, denn eine Museumsbahn bietet gemeinsam mit der Werkleitung den „Wachtl-Expreß" an: Personenwagen der Wendelsteinbahn ermöglichen eine beschauliche Fahrt hinter einer der aus den Jahren 1927/28 stammenden Elektroloks oder hinter der einzigen Diesellok der Bahn, einer Heeresfeldbahn-Maschine von 1949. ●

AUFNAHME: EISENSCHINK

Bahnhof. Hier beginnt die Zillertalbahn, deren Strecke mit der in Österreich weitverbreiteten Spurweite von 760 mm ausgestattet ist. 31 Kilometer führt die Bahn, auf der moderner Nahverkehr und nostalgischer Eisenbahnverkehr der guten alten Zeit harmonisch miteinander verknüpft sind, das Zillertal entlang nach Mayrhofen. So rollen moderne Dieseltriebwagen heute im Stundentakt, fahren Dieselloks Güterzüge mit Rollwagen, auf denen normalspurige Güterwagen transportiert werden, und sind regelmäßig sowie auf Bestellung Dampfzüge unterwegs. Vier Dampfrösser stehen für diese Einsätze zur Verfügung; auf einer können interessierte Amateure selbst am Regler stehen und unter fachkundiger Anleitung auf große Fahrt gehen.

Doch die Zillertalbahn ist nicht die einzige Strecke, die in Jenbach von der Nordtiroler Bahn abzweigt. Vollkommen mit Dampf betrieben verläßt hier auch die Achenseebahn das Inntal, um zum gleichnamigen See zu fahren. Die Achenseebahn ist die älteste Dampfzahnradbahn Österreichs: seit 1889 fahren die drei Dampfloks mit ihren hölzernen Wagen in den Sommermonaten auf der 6,7 km langen Strecke, die in Meterspur ausgeführt ist. Einst diente sie auch dem Abtransport von Holz, doch ist mittlerweile allein der Personenverkehr der Zweck des Bähnleins. Einer in den achtziger Jahren drohenden Einstellung des Verkehrs konnte durch eine Generalsanierung der Strecke und ihrer Anlagen begegnet werden. Die touristische Bedeutung für die Region war und ist auch nicht zu unterschätzen.

Jetzt sind wir schon mitten im alpinen Eisenbahngeschehen und wollten doch eigentlich zunächst die Wege in die Alpen aufzeigen.

Reger Verkehr

Wie schon erwähnt herrscht auf der Route über Kufstein ein reger Verkehr. Neben stündlichen Regionalbahnen zwischen Rosenheim und Kufstein fahren eine ganze Reihe Nachtschnellzüge sowie fünf IC-Zugpaare. Sie tragen Namen, die an ihre Ziele erinnern: Michelangelo, Tiepolo, Leonardo da Vinci und Paganini fahren nach Italien, Andreas Hofer bis Innsbruck. Dazu lassen die Österreichischen Bundesbahnen bis heute einige ihrer Fernzüge den Weg über Salzburg, Rosenheim und Kufstein nach Wörgl nehmen. Diese Korridorzüge halten auf dem deutschen Abschnitt nicht und nutzen in Rosenheim einen extra für diesen Zweck erst in den achtziger Jahren gebauten Verbindungsbogen. Zuvor mußten die Züge in Rosenheim Kopf machen, was die Fahrzeit verlängerte und den betrieblichen Aufwand erhöhte.

FRANK PFEIFFER

Vor dem Lokschuppen in der Zfl Innsbruck steht der Ellok-Oldtimer 1145.11 für den nächsten Einsatz bereit

Mit einem stattlichen Güterzug am Haken nähert sich die E 88 205 dem Innsbrucker Bahnhof (um 1938)

AUFNAHMEN: EISENSCHINK, BELLINGRODT/SLG. SCHWARZ

Die alten Holzmasten, die die Wendelsteinbahn säumten, trugen zugleich Fahr- und Telegrafenleitungen

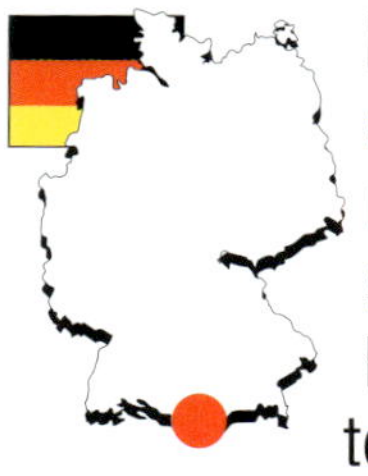

In Oberbayern existieren zwei Zahnradbahnen, die Besuchern, Wanderern, Kletterern und Winterportlern eine herrliche Berglandschaft erschließen: die Wendelsteinbahn und die Bayerische Zugspitzbahn. Beide besitzen meterspurige und elektrisch betriebene Strecken. Touristen schrecken mitunter vor den Preisen zurück, übersehen dabei jedoch die beträchtlichen Betriebskosten dieser ungewöhnlichen Bahnen

Die Wendelsteinbahn, in Brannenburg an der DB-Strecke Rosenheim – Kufstein beginnend, fährt seit 1912 elektrisch auf den 1838 m hohen Wendelstein. Zwei moderne Triebzüge haben die alten Garnituren mit Elloks und hölzernen Wagen mittlerweile ersetzt, die

Zahn um Zahn, steil bergan

Zwei Gebirgsbahnen erschließen deutsche Alpengipfel

Die Gipfelstation der Wendelsteinbahn liegt in karger Umgebung. Der moderne Triebwagen hat nach halbstündiger Fahrt dieses Ziel fast erreicht (Juni 1993)

AUFNAHMEN: SLG. SCHRICKER, SÄUBERLICH

aber in Spitzenzeiten oder für Sonderfahrten weiterhin eingesetzt werden können. In dreißig Minuten überwinden die neuen, gelb-weißen Züge 1215 Höhenmeter. Von oben bietet sich bei gutem Wetter eine beeindruckende Rundumsicht, und wer nicht nach Brannenburg zurück muß, kann die Seilschwebebahn nach Osterhofen nehmen. Von hier fährt die DB nach Bayrischzell in der einen und München in der anderen Richtung.

Auf den höchsten deutschen Gipfel

Der höchste deutsche Alpengipfel, die Zugspitze, wird von der zweiten Bergbahn erklommen, der Bayerischen Zugspitzbahn. Sie betreibt eine meterspurige Strecke vom DB-Bahnhof Garmisch-Partenkirchen bis Grainau, auf der im Reibungsbetrieb gefahren wird, und die von Grainau weiterführende Zahnradstrecke zum Bergbahnhof Zugspitzplatt auf 2590 m Höhe. Elektrische Triebwagen, die die Fahrzeugentwicklung seit den fünfziger Jahren erkennen lassen, bewältigen den vor allem ab Grainau umfangreichen Personenverkehr. Der vorgesehene Stundentakt wird bei Bedarf zu einem Halbstundentakt verdichtet, was im Winter häufiger vorkommt. Neben dem Personenverkehr betreibt die Zugspitzbahn auch einen bescheidenen Güterverkehr, da sie die auf dem Gipfel ansässigen Einrichtungen wie Restaurant und Wetterstation mit Material versorgt.

Hoch über dem Eibsee befindet sich ein Triebwagen der Zugspitzbahn beim Abstieg nach Grainau

Zweiachsige Elloks

Von den alten Zuggarnituren der Zugspitzbahn sind einige erhalten geblieben, um bei großem Andrang eingesetzt zu werden. Auf der Talstrecke rumpeln dann urige zweiachsige Elloks mit mittigem Führerstand und vierachsigen Personenwagen im Schlepp bis Grainau. Da sie keine Einrichtungen für den Zahnradbetrieb haben, bleibt ihnen die Weiterfahrt verwehrt. Die Zahnrad-Elloks für die Bergstrecke, an ihrem kastenförmigen Äußeren leicht zu erkennen, sind nur noch sehr selten im Einsatz zu beobachten.

Wer die 55 Minuten lange Fahrt mit der Zahnradbahn nicht in beiden Richtungen machen will, kann auch hier eine Seilschwebebahn für einen Teil der Reise nutzen: halbstündlich verkehrt die Großkabinenbahn vom Eibsee, wo sich auch die einzige Zwischenstation auf der Bergstrecke der Zugspitzbahn befindet, auf den Zugspitzgipfel. Eine weitere Seilbahn, die sogenannte Gletscherbahn, pendelt zwischen dem Zugspitzplatt, dem Bergbahnhof der Zahnradbahn, und dem Zugspitzgipfel.

FRANK PFEIFFER

Die alten Elloks der Zugspitzbahn befuhren mangels Zahnrad nur die Talstrecke bis Grainau

AUFNAHMEN: SÄUBERLICH, SLG. KNIPPING

„Ich war hier!" – Die Tradition, guten Freunden, lieben Feinden und überhaupt allen Daheimgebliebenen farbige Kartengrüße aus dem Urlaub zu schicken, reicht über mehr als 100 Jahre zurück. Die alten, oft sorgfältig colorierten Drucke haben die Realität meist ähnlich kitschig verklärt wie die massenhaft hergestellten Postkarten unserer Tage. Dabei haftet den historischen Stücken allerdings ein wenig mehr Charme an…

ABBILDUNGEN: SLG. KNIPPING, SLG. SKRZYPNIK, SLG. ASMUS

Viele Grüße aus den Alpen!

Auf alten Ansichtskarten gelesen

ABBILDUNGEN: SLG. SKRZYPNIK (2), SLG. ASMUS

Die Postkarten tragen sämtlich Poststempel aus den ersten beiden Jahrzehnten unseres Jahrhunderts. Auch damals schrieben sich die Leute meist Banales. Berta bittet vom Arlberg aus ihre Schwester Lotte, sie möge ihr die Adresse von Hugo schicken. Dabei vergißt sie beinahe, auch Lotte aus dem Urlaub zu grüßen, wie ein hastig und nachträglich hingekritzelter Nachsatz verrät. Mr. Charles White hat am 15. Juli 1917 im Grand Hotel Göschenen Langeweile und übermittelt darum seiner Reisebekanntschaft, Monsieur L. Niedermeyer in Dortmund, belanglose Artigkeiten. Die Idylle auf der schönen Karte von der Mittenwaldbahn trügt übrigens: Ein polnischer Soldat, in Tirol stationiert, hat sie offenbar nach Hause an seinen Vater in Kraków geschrieben. Sie trägt einen Feldpoststempel vom10. Juli 1915 und gleich zwei Kontrollstempel der „K.u.K. Militärzensur"

Nach Verlassen des Kalte-Rinne-Viadukts bietet sich den Reisenden Richtung Süden im Triebzug der Baureihe 4010 der Rückblick auf das Rax-Massiv

Erste Gebirgsbahn der Welt

Die Semmeringbahn Wien – Bruck – Graz – Spielfeld

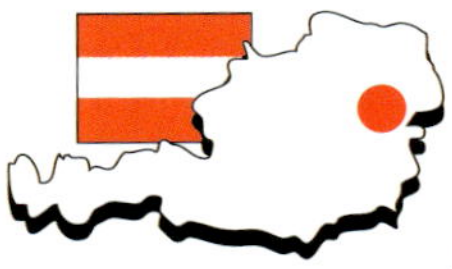

Der Semmeringbahn in Österreich und vor allem ihrem Abschnitt zwischen Gloggnitz und Mürzzuschlag gebührt die Ehre, die erste Gebirgsbahn der Welt und zugleich die erste Schienenstrecke über die Alpen zu sein

Nach den Plänen des Ingenieurs Karl Ritter von Ghega begann 1848 der Bau als gewöhnliche Reibungsbahn. Damit entschied sich der Staat gegen Technologien wie Zahnradbahnen, Steilrampen, auf denen die Wagen mittels stationärer Dampfmaschinen gezogen werden sollten oder die Beförderung der Wagen durch Pferde. Ghega stellte die Strecke 1854 fertig, und erst jetzt konnten Lokomotiventwürfe für diese Strecke auch in der

Nur mit Vorspann können schwere Güterzüge zur Dampfzeit über den Semmering befördert werden (1957)

AUFNAHMEN: STUDER, KRAUSS-MAFFEI/SLG. KNIPPING

Praxis erprobt werden. Dampflokomotiven mit vierfach gekuppelten Achsen zeigten sich der Strecke am besten gewachsen. Der wichtige Handelsweg von Wien an die Adria bei Triest war somit per Eisenbahn befahrbar, was Handel und Wirtschaft einen enormen Aufstieg bescherte.

Im Jahr der Streckeneröffnung kam der Staat jedoch in finanzielle Schwierigkeiten und privatisierte unter anderem auch die Eisenbahn über den Semmering. 1858 erhielt die Südbahn die Konzession für diese Route. Kriege und Gebietsabtretungen reduzierten in der Folgezeit das Südbahn-Streckennetz, 1924 ging die Gesellschaft schließlich in der neugegründeten BBÖ (Bundesbahnen Österreich) auf. Heute gehört die Strecke über den Semmering zum Hauptnetz der Österreichischen Bundesbahn (ÖBB). Sie ist zweigleisig ausgebaut, seit 1959 auch auf der Paßstrecke elektrifiziert und verbindet die Großstädte Wien, Wiener Neustadt und Graz miteinander. Der Verkehr über die Grenze nach Slowenien ist nicht mehr so rege wie vor dem Zerfall des Staates Jugoslawien, hat aber ebenfalls noch Bedeutung. Schließlich zweigt südlich der Paßstrecke die Linie nach Klagenfurt ab.

19 Brücken und 15 Tunnels wechseln sich auf der Paßstrecke mit Steigungen von bis zu 25 Promille ab, der eigentliche Semmeringtunnel ist relativ bescheidene 1511 m lang. Pläne zur Neutrassierung des betrieblich schwierigen Abschnitts existieren beinahe so lange, wie die Semmeringbahn selbst. Güterzüge auf der Semmeringbahn werden auch heute mit zusätzlichen, in Mürzzuschlag stationierten Lokomotiven über den Paß gebracht. FRANK PFEIFFER

Semmering-Basistunnel

Nach jahrzehntelangen Planungen hat die österreichische Bundesbahn sich nun für eine Neutrassierung des Streckenabschnitts Mürzzuschlag – Gloggnitz entschieden. 16 Kilometer lang soll die neue Strecke werden, in deren Verlauf ein Basistunnel den Semmering unterfahren wird. Die Vorteile liegen auf der Hand: Eine dichtere Zugfolge, der Einsatz von Zügen der „rollenden Landstraße“ ohne Einschränkungen, die Erhöhung der Zuggewichte, der Verzicht auf Vorspann- oder Schiebelokomotiven und die deutliche Reduzierung der Fahrzeiten für Reisezüge von heute 140 auf künftig 97 Minuten. Wenn die Baumaßnahme, deren größtes Hemmnis die Finanzierung ist, abgeschlossen sein wird, soll die alte Paßstrecke als technisches Denkmal erhalten bleiben. ●

Bizarre Felsformationen liegen über dem Tunnel zwischen Kalter Rinne und dem Krauselklausenviadukt

Von Anfang an reizt die Trassierung am Semmering zur bildlichen Wiedergabe (Lithographie von Prof. Kies)

Die Tauernbahn ist überreich an Viadukten und Brücken. Eine überspannt in 137 m Höhe die Angerschlucht (Aufnahme vom 19. September 1982)

Zur Kur nach Bad Gastein

Die Tauernbahn Schwarzach-St. Veit – Spittal-Millstättersee

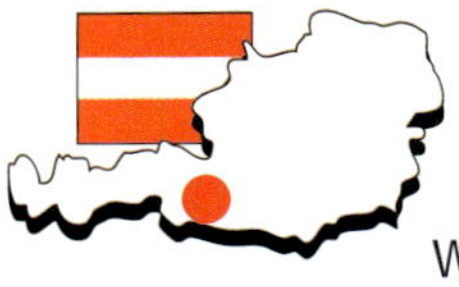

Erst nach der Jahrhundertwende entstand der Schienenweg über das Tauernmassiv hinweg. Die an Kunstbauten überaus reiche Strecke weist beeindruckende Paramter auf: Sie klettert bis auf 1226 Meter Höhe, und der berühmte Tauerntunnel mißt über 8500 Meter Länge.
Die bereits seit den 30er Jahren elektrifizierte und nach mehreren Trassenverschiebungen hervorragend ausgebaute Tauernbahn ist heute eine der wichtigsten Transitlinien durch Österreich

Tradition hat der Autotransport zwischen Böckstein und Mallnitz-Obervellach durch den Tauerntunnel

AUFNAHMEN: EISENSCHINK, SLG. KNIPPING

Kaiser Franz Josef verabschiedete die Pläne zum Bau einer Bahnlinie durch das Gasteinertal nach langen Planungen im Jahre 1901. Vier Jahre später war der heute beliebte Kurort Bad Gastein von Schwarzach aus mit der Eisenbahn erreichbar. Dem Weiterbau nach Süden stellte sich das Bergmassiv der Tauern entgegen, die in einem 8551 m langen Tunnel unterfahren werden mußten. In diesem Tunnel liegt auf 1226 m Höhe der Scheitelpunkt der Tauernstrecke, die im Jahr 1909 durchgehend bis Spittal-Millstättersee fertiggestellt wurde. Den Tunnel baute man weitsichtig von Beginn an für zwei Gleise aus, die Zulaufstrecken waren dagegen eingleisig ausgeführt worden – ein Zeichen für die zunächst gering eingeschätzte überregionale Bedeutung der Strecke.

Wie viele Bahnlinien im Westen der Alpenrepublik elektrifizierte man die Tauernbahn recht früh, 1933 konnte die Nordrampe inklusive des Tunnels elektrisch befahren werden, zwei Jahre später auch die Südrampe bis Spittal-Millstättersee.

Möglichkeiten, Züge über andere Strecken umzuleiten, gab es nicht, die Tauernbahn stellt auf weite Entfernung die einzige Verbindung aus den Räumen Tirol und Salzburg in Richtung Villach, Klagenfurt, Italien und Slowenien dar. Der gestiegene Verkehr forderte allerdings eine Erhöhung der Leistungsfähigkeit. Die ÖBB begannen mit dem zweigleisigen Ausbau in den sechziger Jahren, wobei teils beträchtliche Trassenverschiebungen stattfinden mußten. Auf der Südrampe wurden ab Mallnitz-Obervellach sieben Tunnel eingespart, drei imposante Stahlbeton-Bogenbrücken ermöglichen seit den siebziger Jahren eine kürzere Linienführung. Die Lindischgraben-Brücke mißt 282 m, die Falkenstein-Brücke 396 m und die Pfaffenberg-Zwengberg-Brücke 377 m in der Länge. Südlich des Bahnhofs Penk wurden 1985 drei weitere neue Brücken dem Verkehr übergeben. Im alten Stil erhalten ist die Tauernsüdrampe noch zwischen dem Scheiteltunnel und Mallnitz-Obervellach. Pläne zum Ausbau beinhalten unter anderem eine Brücke, die in 200 Metern Höhe den Kaponiggraben überqueren soll. Finanzielle Aspekte haben den Ausbau bisher noch verhindert. Erwähnung sollte schließlich die Stahlgitterbrücke über die Angerschlucht auf der Nordrampe finden, die 137 m über den Grund der Schlucht führt.

Heute übernimmt die Tauernbahn etwa ein Viertel des österreichischen Bahntransitverkehrs und ermöglicht auch Autofahrern eine Fahrt durch den Tauerntunnel der Bahn. Auf speziellen Transportwagen wird dieser Dienst zwischen Böckstein und Mallnitz-Obervellach weiter angeboten und von den Kraftfahrern genutzt, obwohl mittlerweile der Tauernstraßentunnel fertig ist. FP

Die Tauernbahn ist traditionell eine wichtige Route für den Fernreiseverkehr: Oben eine österreichische 1042 mit EuroCity-Garnitur am 18. Oktober 1995, unten der „Tauernexpress" Nr. 101 mit der 1141.01 und der 1110.06 auf einer Aufnahme aus den 50er Jahren, entstanden am Paß Lueg

Gölsdorfs D-Kuppler der Baureihe 170 (St. Anton am Arlberg, 1898)

Gebirgs-lokomotiven

an Österreichs Alpenpässen

Vierachsige Ellok der Baureihe 1245, anfangs als Gruppe 1170 bezeichnet

D-Kuppler (Baureihe 76) für den Betrieb auf der Arlbergstrecke

Vierfach gekuppelte Loks des Konstrukteurs Engerth schleppten ab 1854 mit 10 km/h Züge von 185 t Gewicht über die Rampen des Semmerings. Sie waren die ersten Gebirgslokomotiven. Ihre Konstruktion wurde im Laufe der Jahre verbessert, doch auch die Fahrt von Bozen zum gut 1100 m höher liegenden Brennerpaß 1867, der zweiten Gebirgsstrecke, dauerte bis zu zehn Stunden! 1884 war die Arlbergbahn fertig, für sie wurden erneut Vierkuppler beschafft, die auf der bis zu 31,4 Promille steilen Westrampe dieser Strecke in Doppeltraktion bis zu 400 t ziehen konnten.

Um die Jahrhundertwende wurden die Loks größer und stärker. Gölsdorf konzipierte die Maschinen der Reihe 170 mit der Achsfolge 1'D, die auf den drei Alpenbahnen bevorzugt eingesetzt wurden, sowie die fünffach gekuppelten Loks der Reihe 180 für den Güterverkehr. Auf einer Steigung von 25 Promille konnten 220 t schwere Reisezüge nun mit 30 km/h befördert werden. 1906 entwickelte Gölsdorf die ersten Loks mit der Achsfolge 1'E für den Schnellzugdienst, die Baureihe 280. Weitere Leistungssteigerungen konnten durch die Verwendung von Heißdampf anstelle von Naßdampf erzielt werden. Als letzte österreichische Alpendampflok kamen ab 1920 die Reihen 81 und 181 zum Einsatz.

Zwischen 1925 und 1935 wurde das Eisenbahnnetz im Westen Österreichs

Lange Zeit war sie nicht aus dem Betriebsg

Die 1180 004 vor einem Bauzug in Wald

auf Österreichs Alpenstrecken wegzudenken: die Baureihe 1020. Schnellzugdampflok der Reihe 280 aus dem Jahre 1906 (unten)

AUFNAHMEN: SLG. SCHEINGRABER (2), SCHOEFINIUS, J. BÜGEL, WUNSCHEL, SLG. ASMUS

Noch heute sind die schweren Maschinen vom Typ 1110 im Einsatzbestand der ÖBB (oben). Baureihe 1100, das österreichische „Krokodil" (unten, 1930)

elektrifiziert, die Reihen 81 und 181 kamen zum Semmering, der erst 1959 elektrisch befahren werden konnte. Hier wurden zuletzt die deutschen Kriegslokomotiven der Reihe 42 eingesetzt, deren Anhängelast von 400 t die höchste je von 1'E-Lokomotiven in Österreich erzielte war.

Mit der Elektrifizierung an Arlberg und Brenner wurden als erste brauchbare Gebirgselektrolokomotiven die mächtigen österreichischen „Krokodile" der Reihe 1100 (später 1089 bzw. 1189) für den Schnellzugverkehr und die fünfachsigen Stangenloks der Reihe 1080 und 1180 für den Güterverkehr eingesetzt. Letztere erreichten – zuletzt in untergeordneten Diensten eingesetzt – ein Alter von gut 70 Jahren! Es folgten die vierachsigen Drehgestell-Elloks der Gruppe 1170 (später 1045, 1145, 1245), die mit ihrer laufachslosen Konstruktion abermals einen Meilenschritt in der Lokomotiventwicklung bedeuteten. Außerdem wurden die Gebirgsschnellzugloks der Reihen 1570 und 1670 beschafft, die sich trotz aufwendiger Bauart des Fahrwerks gut bewährten und bis in die achtziger Jahre im Einsatz blieben.

Die deutschen Güterzugloks der Reihe E 94, die ab 1939 beschafft wurden, veränderten das Betriebsgeschehen auf den österreichischen Alpenstrekken an Arlberg und Brenner nachhaltig. Die insgesamt 47 Lokomotiven, die schließlich in Österreich verblieben und die Baureihe 1020 bildeten, galten bis zum Einsatz der neuen

Die deutschen Kriegslokomotiven Baureihe 42 waren bis zur Elektrifizierung der Semmeringbahn im Einsatz (1959)

Gebirgsschnellzuglok vom Typ 1670 im Bahnhof St. Anton (Mitte, 1980). Güterzuglok 1080 mit Stangenantrieb (unten)

AUFNAHMEN: RAMPP, PFEIFFER/SLG. ASMUS (2), WOGERER-WOJNAR/SLG. ASMUS, EISENSCHINK

1'C'1-Stangen-Ellok der Baureihe 1029 mit einem Personenzug in St. Anton (24. Juli 1933)

Die BR 1044 ist auf allen elektrifizierten Alpenstrecken anzutreffen (Mitte). Baureihe 1080 in der ersten Ausführung (unten)

Baureihe 1044 als Königinnen der Alpenbahnen. 1995 verabschiedeten sich die letzten aus dem aktiven Dienst. Heute fahren modernste Hochleistungselloks vierachsiger Bauart über die Alpenstrecken. Obwohl sie sehr leistungsfähig sind, müssen schwere Züge weiterhin mit Vorspann gefahren werden, denn Zuggewichte und Geschwindigkeit sind mit der Leistungssteigerung der Maschinen ebenfalls gewachsen. Daher kann nur der Bau neuer Trassen mit geringerer Steigung und größeren Bögen die Leistungsfähigkeit einer Strecke deutlich verbessern.

Eine spezielle Brennerlok wurde von der ÖBB mit der Reihe 1822 geschaffen. Die fünf vierachsigen Drehgestelloks wurden von Simmering-Graz-Pauker 1991 gebaut und sind sowohl für das in Österreich und Deutschland übliche Wechselstromsystem von 15 kV/16,7 Hz als auch für das italienische Gleichstromsystem mit 3000 V Spannung ausgelegt. Gedacht waren sie für den Huckepackverkehr von Lkw per Bahn von Deutschland bis nach Italien ohne den durch das abweichende Stromsystem notwendigen Lokwechsel im Grenzbahnhof Brenner. Dabei erwiesen sich die 4400 kW starken Loks zunächst als sehr störanfällig. Auch die italienische Staatsbahn (FS) stand den Einsätzen eher skeptisch gegenüber, so daß bis heute nur wenige Züge mit diesen Loks bespannt werden und eine weitere Serie vorläufig nicht zur Debatte steht.

Frank Pfeiffer

AUFNAHMEN: PFEIFFER/SLG. ASMUS, STEINWASSER, R. MÜLLER/SLG. SCHEINGRABER, EISENSCHINK, WUNSCHEL

Nur in fünf Exemplaren gebaut: die Mehrsystemlok 1822 für die Brennerbahn (oben). Inzwischen ist die BR 1020 von der allgegenwärtigen 1044 verdrängt (unten)

Auf Römerpfaden

Die Brennerbahn Innsbruck – Franzensfeste – Bozen

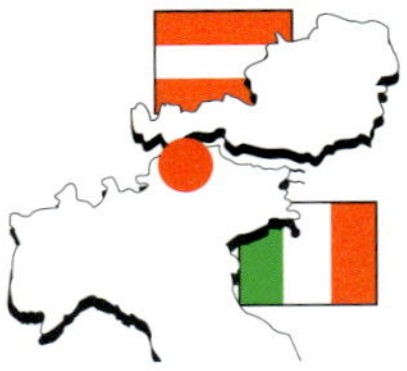

Mit 1371 m Höhe ist der Brennerpaß einer der niedrigsten und zugleich am günstigsten gelegenen Alpenpässe. Die Via Claudia Augusta wurde als Straße in den Jahren 46 und 47 nach Christus von den Römern angelegt. Sie verband den Brennerpaß mit Innsbruck und in ihrer Fortsetzung mit dem heutigen Rosenheim und war bereits vor dem Mittelalter ein gut genutzter Handelsweg. Dank des Inntales mit seinem Durchbruch der Kalkalpen bei Kufstein und des niedrigen Brennerpasses konnte hier ein Nord-Süd-Handelsweg geschaffen werden, den auch die Eisenbahn zu nutzen wußte

Erste Pläne einer Bahnverbindung von München über Rosenheim und Kufstein nach Innsbruck tauchten um 1837 auf, wurden jedoch verworfen. Staatspolitische Gründe sprachen auch gegen weitere Projekte, die auf verschiedenen Wegen die Alpen in Tirol überqueren wollten. Erst 1859 nahm die Kaiserlich Königliche Nordtiroler Staatseisenbahn den Verkehr von der Staatsgrenze bei Kufstein bis nach Innsbruck auf. In Kufstein bestand Anschluß nach München. Allein in Richtung Brennerpaß rollte noch kein Zug. Aus militärischer Sicht bestand zunächst kein Bedarf, eine Strecke hier zu bauen, Italien erschien im Gegensatz zu einigen östlichen Nachbarn der Monarchie nicht bedrohlich. Als es 1859 zum Krieg zwischen Österreich und einem Bündnis von Sardinien mit Frankreich kam, in dessen Ergebnis Österreich die Lombardei an Frankreich abtreten mußte, entschloß sich Österreich, doch eine Strecke über den Brenner zu bauen. Wie so oft beim Bau von Eisenbahnen gaben also militärische Gründe den Anstoß. Vor der Fertigstellung verlor Österreich 1866 auch Venetien, woraufhin die militärische Bedeutung der neuen Strecke weiter zunahm. Am 24. August 1867 fand die offizielle Eröffnung der Brennerbahn ohne besondere Feierlichkeiten statt.

Geplant und gebaut wurde die Querung des Brennerpasses von Carl von Etzel, der

Mit einem Schneepflug kehrt die 1145.15 nach Räumung des Schienenweges vom Brenner zurück. Die „Rollende Landstraße“ unterquert bei St. Jodok die Europabrücke der Brennerautobahn (rechts)

Bei Matrei bilden die Betonmasten einen krassen Gegensatz zum alten Mauerwerk eines Brückenbogens

die Trasse ohne einen Scheiteltunnel sowie einer maximalen Steigung von 25 Promille vorsah. Etzel starb vor Vollendung seines Werks 1864 in Ybbs an der Donau, die Arbeit wurde durch seine Mitarbeiter Thommen, Hellwag und Pressel vollendet.

125 Kilometer mißt die Brennerbahn von Innsbruck nach Bozen, zehn größere Brücken und 22 Tunnels mit Längen zwischen 34,7 und 872,2 m Länge waren nötig. Zwei davon, der St. Jodoker Tunnel und der Aster Tunnel wurden als Kehrtunnel ausgeführt – erstmals in der Geschichte des Eisenbahnbaues. Der zweigleisige Ausbau der Linie erfolgte direkt nach ihrer Fertigstellung und war 1870 abgeschlossen.

Der erste Weltkrieg brachte 1918 eine neue Grenzlinie zwischen Italien und Österreich mit sich, der Bahnhof Brenner auf der Paßhöhe wurde zum Grenzbahnhof, Südtirol italienisches Staatsgebiet.

Der Einzug der elektrischen Traktion auf der Nordseite der Brennerstrecke konnte im Oktober 1928 gefeiert werden. Da Italien eine Elektrifizierung des Bahnhofs Brenner zunächst jedoch verweigerte, mußte in Österreich 1300 Meter vor der Grenze die Station Brennersee geschaffen werden, in der die Züge für das kurze Stück bis zum Bahnhof Brenner auf Dampfloks umgespannt wurden. Ein Jahr nach Österreich elektrifizierte Italien seinen Teil der Brennerstrecke mit Dreiphasen-Drehstrom. Bis 1934 pendelten die Dampfloks auf dem wenige Hundert Meter langen Stück Brennersee – Brenner, dann durfte Österreich die Fahrleitung bis in den italie-

In 1370 Meter Höhe liegt der Grenzbahnhof Brenner. Hier erfolgt seit 1934 der Lokwechsel von österreichischen oder deutschen auf italienische Maschinen

AUFNAHMEN: EISENSCHINK, SLG. SCHRICKER; S. 42/43: EISENSCHINK

nischen Bahnhof Brenner verlegen, wo fortan die Züge umgespannt wurden. Das italienische Drehstromsystem erwies sich nicht als Glücksgriff, der technische Aufwand für Unterwerke und Fahrleitungen war hoch, die Leistungsfähigkeit der Anlagen niedrig. 1965 gab man daher dem im übrigen Italien genutzten Gleichstromsystem mit 3000 V Spannung auch an der Brennersüdrampe den Vorzug und gab das Drehstrom-System auf. Der Lokwechsel am Brenner war und ist bis heute nötig, nur die fünf ÖBB-Loks der Reihe 1822 verarbeiten beide Stromsysteme.

Steigende Verkehrsleistungen

Während des Zweiten Weltkrieges hatte die Brennerbahn enorme Verkehrsmengen zu bewältigen, die neuentwickelte Ellok E 94 der Reichsbahn fand hier ein hervorragendes Einsatzgebiet: zwei Loks in Doppeltraktion konnten 1200 t schwere Güterzüge auf die Paßhöhe ziehen.

Der Verkehr auf der Brennerbahn stieg nach dem Krieg weiter an, Modernisierungen an der Strecke, die Einführung des Gleichstrombetriebes auf der Südrampe und der Einsatz von drei Loks vor den bis zu 1500 t schweren Güterzügen versuchten dieser Steigerung Herr zu werden. Gut viereinhalb Millionen Tonnen Güter pro Jahr nehmen heute den Schienenweg über den Brenner; eine weitere Steigerung zur Entlastung der Brennerautobahn – auch durch politische Restriktionen wie Straßennutzungsgebühren – ist schwer geworden, seit Österreich Mitglied in der europäischen Union geworden ist und sich europäischem Recht beugen muß. Leidtragende sind die Anwohner, die ihrem Unmut über Verkehrslärm und Abgase mitunter Ausdruck durch Straßenblockaden verleihen. Darüber hinaus ist die Brennerbahn mit ihrer Trassierung kaum noch in der Lage, weiteren Verkehr aufzunehmen. Der Gedanke eines Basistunnels existiert daher schon lange. Ob er jemals gebaut und den prognostizierten Erfolg haben wird, bezweifeln einige. Auf italienischer Seite wird die Trassierung der Brennerrampe mit drei neuen Tunnels verbessert. Der erste wurde zwischen Brennerpaß und Gossensaß aufgefahren und mißt 7338 m, der zweite zwischen Waidbruck und Blumau ist 13159 m lang und der dritte zwischen Blumau und Kardaun 3725 m. Durch diese Maßnahmen werden besonders steinschlaggefährdete Gebiete, enge Bögenund alte, den neuen Pofilrichtlinien entgegenstehende Tunnel, überflüssig. Die Transportkapazität auf der Brennersüdrampe soll nach Fertigstellung dieser Arbeiten von 153 Zügen pro Tag auf bis zu 240 Züge steigen.

FRANK PFEIFFER

Nur vor leichten Güterzügen oder bergab reicht eine Maschine – wie am vorletzten Tag des Jahres 1982

Der Vorspanndienst der 194 048 spart eine Leerfahrt zum Paß ein (bei St. Jodok, Dezember 1982)

AUFNAHMEN: EISENSCHINK

Anschluß an den Rest der Monarchie

Die Arlbergstrecke Innsbruck – Landeck – Bludenz

Vorarlberg war lange Zeit vom Rest der österreichischen Monarchie so gut wie abgeschnitten. Der Weg über den Arlberg-Paß war beschwerlich und gefährlich, im Winter oft unmöglich. Nachdem in der Schweiz der Gotthardtunnel entstanden war, drängte die Wirtschaft Vorarlbergs verstärkt auf einen Eisenbahnanschluß. 1880 begann der Bau, und bereits 1883 war die Talstrecke von Innsbruck nach Landeck betriebsbereit

Beim Bau des im Tal zwischen Innsbruch und Landeck verlaufenden Abschnitts der Arlbergstrecke waren kaum Kunstbauten nötig. Von Landeck bis Bludenz schloß sich das Bergstück, dessen Kernstück der 10,25 km lange Arlbergtunnel darstellt. In der Tunnelröhre liegt auf einer Höhe von 1311 m der Scheitelpunkt der Bahnstrecke, auf der im September 1884 erstmals Züge von Tirol nach Vorarlberg unterwegs waren.

Bedeutendstes Brückenbauwerk ist die Trisannabrücke auf der Ostrampe, die bei Schloß Wiesberg in 87 m Höhe das Paznauntal überspannt. Die Arlbergbahn entwickelte sich rasch zu einer wichtigen Transitstrecke zwischen dem Osten der Monarchie einerseits und der Schweiz sowie Frankreich andererseits. Problematisch war auf diesem Weg der Scheiteltunnel, da sich in seiner Mitte bevorzugt die Rauchgaswolken der Dampflokomotiven festsetzten. Das Lokpersonal wurde hier bei bestimmten Luftdruckverhältnissen größten Gefahren durch die kohlenmonoxydhaltige Wolke ausgesetzt.

Ähnliche Probleme waren in Deutschland beispielsweise im Cochemer Kaiser-Wilhelm-Tunnel an der Moselstrecke bekannt, wo man unter anderem versuchte, mit Gebläsen Durchzug zu schaffen. In Österreich

Zwei Ellok-Veteranen, am Arlberg für Vorspann und Güterzüge eingesetzt, im Bahnhof Flirsch im Stanzertal. In diesem Tal führt der Laufweg des EC Franz Schubert die Reisenden an Pettneu vorüber (rechts)

Üppige Fruchtbarkeit zeigen die Nadelbäume nach dem Winter 1992/93, als der IC 165 durch den bereits fast schneefreien Haltepunkt Klösterle rauscht

AUFNAHMEN: EISENSCHINK: S. 46/47; SCHOEFINIUS, HAFENRICHTER, EISENSCHINK

trachtete man danach, rasch den elektrischen Betrieb einzuführen. Pläne wurden schon 1902 ausgearbeitet! Nicht ausgereifte Technik vereitelte diese Pläne. Sie wurden nach dem Ersten Weltkrieg erneut aufgenommen, als die Kohle in Österreich knapp, die Energiegewinnung aus Wasserkraftwerken jedoch beherrschbar war. Seit 1925 fahren Elloks über den Arlberg und durch den Scheiteltunnel, der seinen Schrecken damit weitgehend verloren hatte.

In den fünfziger Jahren begannen auf der Arlbergbahn Ausbaumaßnahmen wie auf den anderen Paßstrecken auch. Vor allem die Talstrecke konnte teilweise neu trassiert und abschnittsweise zweigleisig ausgebaut werden. Mittlerweile reicht das zweite Gleis von Innsbruck bis Ötztal, der Weiterbau nach Imst-Pitztal ist im Gange. Bei Schnann und Pettneu konnten 1994 zwei neue Tunnel zum Schutz der Strecke vor Lawinen in Betrieb genommen werden, wobei der alte Bahnhof Pettneu abgetragen und an anderer Stelle ein neuer Haltepunkt für diesen Ort errichtet wurde. Die westliche Zulaufstrecke von Bregenz über Feldkirch bis Braz konnte ebenfalls ausgebaut und teilweise zweigleisig ausgebaut werden. Bis zu 193 Züge können heute in Spitzenzeiten den Arlberg passieren, gut sieben Millionen Tonnen Fracht werden hier pro Jahr befördert.

Die Arlbergbahn ist bis heute starken Naturgewalten ausgesetzt, die mit Lawinen und Muren immer wieder Teile der Bahnstrecke blockieren oder gar wegreißen. Tage-, ja wochenlang ist der Verkehr dann unterbrochen. Im Februar 1967 riß ein Felssturz die Schanatobelbrücke mit sich, Ende Januar 1982 blieben bei Lawinenabgängen im Bereich Hintergasse und Dalaas ein Güterzug und zwei Schneepflüge für drei Tage in der weißen Pracht liegen, ehe sie wieder ausgegraben werden konnten. Das letzte schwere Zugunglück ereignete sich erst am 11. August 1995, als der IC 566 von Wien nach Lindau zwischen Braz und Hintergasse in den Masonbach stürzte. Eine Mure hatte kurz zuvor die Brücke über diesen Bach mitgerissen, die Fahrleitung war jedoch unbeschädigt geblieben, so daß der Lokführer keine Anzeichen von Gefahr bemerken konnte. Vier der zwölf Wagen und die Zuglok der Reihe 1044 entgleisten und wurden von den reißenden Wasser- und Geröllmassen des Baches bis zu 120 m talwärts geschwemmt. Drei Tote – unter ihnen der Lokführer – und über hundert zum Teil Schwerverletzte waren zu beklagen. Die Strecke mußte für sechs Tage gesperrt werden, der Ferngüterverkehr wurde weiträumig umgeleitet, für den Reisezugverkehr ein Schienenersatzverkehr mit Bussen eingerichtet. Die früher anläßlich solcher Katastrophen praktizierte Umleitung der Züge über Deutschland wurde dieses Mal nicht angewandt.

Frank Pfeiffer

Noch im Mai flankieren schneebedeckte Felsgipfel die Züge durch das Stanzertal (bei Flirsch, 1994)

Aus den weiß-grauen Farben der Winterlandschaft heben sich die orangen ÖBB-Fahrzeuge deutlich ab

Aufnahmen: Syduw, Wunschel

AUFNAHME EISENSCHINK

Die 1044 024 ist mit ihrem InterCity 564 „Alemannia“ (Wien–Bregenz) auf der Arlbergstrecke zwischen Innsbruck und Landeck unterwegs (3. Oktober 1993)

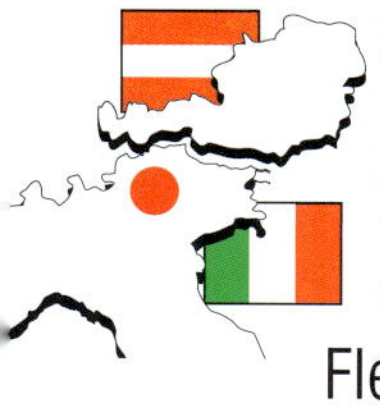

Eine der schönsten Bergbahnen des Alpenraums ist die Rittnerbahn in Südtirol. Allein schon das Fleckchen Erde, auf dem wir sie finden, ist von der Natur begünstigt: Sie befährt seit 1907 das sanft gewellte Hochplateau des Ritten etwa tausend Höhenmeter oberhalb von Bozen. Das Flair der k.u.k. Monarchie hat die Bahn bis in unsere Tage bewahrt. Nachdem die Bahn lange Zeit stillegungsbedroht war, haben die anliegenden Gemeinden ihre Bedeutung als Touristenmagnet erkannt

Ein altösterreichischer Traum

Bei der Rittnerbahn in Südtirol scheint die Zeit stehengeblieben zu sein

Bis 1966 kroch die Zahnradbahn vom Zentrum Bozens auf den Ritten. Das Foto entstand freilich früher, im Sommer 1914. Bild oben: Triebwagen „Alioth", 1993

Noch einmal die alte Zahnradstrecke, hier in einer Aufnahme aus den fünfziger Jahren

„Alioth“ im Bahnhof Oberbozen (oben) und Triebwagen Nr. 2 auf der Strecke nach Klobenstein (unten)

Der Ritten wurde durch das für eine Meereshöhe von circa 1200 Metern erstaunlich milde Klima und durch seine für den ganzen Alpenraum überdurchschnittliche Zahl sonniger Tage schon in früheren Jahrhunderten ein Ziel des gutbürgerlichen altösterreichischen Fremdenverkehrs. Der Begriff „Sommerfrische“ wurde hier erfunden, die Liste prominenter Fahrgäste der Rittnerbahn reicht bis zu Sigmund Freud. Eine fast unwirklich schöne Aussicht auf das weite Panorama stolzer Dolomitengipfel und auf die tiefen Täler von Eisack und Etsch bietet zu jeder Tages- und Jahreszeit neue Überraschungen. Vielfältige Wanderwege führen zu stillen Dörfern, gemütlichen Gasthöfen - und zu einer weltbekannten geologischen Attraktion, den Erdpyramiden.

Ihre ursprüngliche Funktion als Bindeglied zur großen Normalspurwelt hat die seit ihrer Eröffnung elektrisch betriebene Meterspurbahn leider 1966 eingebüßt, als der mit Zahnstange versehene Abschnitt von Bozen nach Himmelfahrt durch eine Seilschwebebahn ersetzt wurde. Der auf der Höhe gelegene 6,6 km lange Adhäsionsabschnitt Himmelfahrt - Oberbozen - Klobenstein war lange Zeit stillegungsbedroht, bis die beteiligten Gemeinden in den achtziger Jahren den politischen Willen zur Erhaltung der Bahn faßten. Inzwischen sind Gleisanlage und Fahrleitung in historisch getreuer Form vollständig erneuert worden.

Die Fahrzeuge stammen noch aus Gründertagen

Der Fahrzeugpark ist sehr übersichtlich. In Betrieb sind:

- Die zweiachsigen Triebwagen Nr. 11 und 12 aus der Erstausstattung des Jahres 1907. Sie sind auf dem weniger häufig bedienten Abschnitt Oberbozen - Himmelfahrt sowie als Verstärkungswagen auf der Strecke Oberbozen - Klobenstein eingesetzt.
- Der vierachsige Triebwagen Nr. 2, ebenfalls von 1907. Er wird in der wärmeren Jahreszeit auf der Strecke Oberbozen - Klobenstein eingesetzt.
- Der nicht mit einer Nummer versehene, sondern inoffiziell mit dem Namen des Herstellers versehene „Alioth“ aus dem Jahre 1910, der 1934 von der stillgelegten Bahn Dermulo - Fondo Mendel übernommen wurde. Auch er tut auf dem Abschnitt Oberbozen - Klobenstein Dienst.
- Das einzige modernere Fahrzeug ist ein vierachsiger Triebwagen, der ebenfalls die Nummer 12 trägt, 1958 in Eßlingen gebaut wurde und 1977 von der Straßenbahn Eßlingen - Nellingen - Denkendorf übernommen wurde. Nach langjähriger Abstellzeit wurde er 1992 aufwendig restauriert und entlastet seitdem die alten Vierachser. Insbesondere erspart er seinen alten Kame-

Selbst die Einfachfahrleitung samt Holzmasten und gebogenen Auslegern scheint noch aus den Gründertagen der Bahn zu stammen. Oberbozen, 16. August 1996

raden mit Holzaufbau den Einsatz in den Wintermonaten. Die orange Lackierung hebt ihn von den braunweißen Veteranen ab. Ein weiteres Fahrzeug gleicher Bauart wartet nun schon genauso lange, wie es einst in Württemberg Dienst getan hatte, nämlich knapp zwanzig Jahre, auf seine Aufarbeitung.

Der Fahrplan der Rittnerbahn ist einfach: Die Strecke Oberbozen - Klobenstein wird tagsüber im Stundentakt befahren, die Strecke von Oberbozen nach Himmelfahrt (die zu Fuß in wenigen Minuten zurückzulegen ist!) wird nur morgens, mittags und abends bedient.

Die gesamte Strecke ist bequem zu erwandern. Fotomotive gibt es zwischen Lärchenwäldern, an versteckten Bachbrücken, vor den hölzernen Wartehäuschen der Zwischenstationen oder auf weiten Wiesen vor großem Bergpanorama genügend. Die Schneepracht im Winter, die Blüte der Obstbäume, das Grün des Sommers und die gelb-roten Gemälde des Herbstes bieten zu jeder Jahreszeit unwiderstehliche Bilder - und sie garantieren: Wer einmal hier war, kommt wieder.

ANDREAS KNIPPING

Leider auch historisch: Das Züglein der Zahnradbahn Bozen – Himmelfahrt vor dem einzigen Tunnel. Die Stellung der Stromabnehmer weist auf die Fahrtrichtung des Zuges hin

Für den Erzverkehr über den Präbichl entstand zwischen Vordernberg und Eisenerz eine Zahnradbahn mit einer Steigung von 73,3 Promille. Noch in der ersten Hälfte der siebziger Jahre stand die Erzbergbahn in voller Blüte. Nicht weniger als 17 Zahnraddampflokomotiven standen im Heizhaus Vordernberg. Sie zogen die schweren Erzzüge im Schrittempo über den Berg. Zahlreiche Dampflokfreunde

Mit Zug- und Schublok geht es bei Vordernberg Markt den Berg hinauf (1976)
Mächtige Dampfwolken und Auspuffschläge zogen die Dampflokfreunde in ihren Bann (rechts)
Mit dem Hochgrabenviadukt hat der Erzzug sein Ziel Vordernberg fast erreicht (unten)

AUFNAHMEN: J. BÜGEL (2), HÖGEMANN

pilgerten zu den unter Vollast arbeitenden Maschinen. Nach 1976 ging der Verkehr rapide zurück. Im Personenverkehr wurden zuletzt Schienenbusse eingesetzt. Doch auch damit konnte das Ende der Strecke nur hinausgezögert werden. Schließlich fuhren 1986 die letzten Züge über eine Strecke, auf der einmal die ihrerzeit stärksten Zahnraddampflokomotiven der Welt im Einsatz gestanden hatten… ●

Dampf am Erzberg!

Berühmte Zahradbahn für den Güterverkehr

HUPAC

Wege durch Felsen und Eis

Schienen zwischen den höchsten Gipfeln Europas

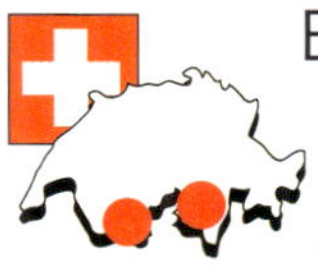

Berge hat die Schweiz genügend. Felshänge, die kein Mensch bislang erklettert hat, Täler, in denen nie gesiedelt wird, Schneehänge ohne Spuren menschlicher Bewegung. Und trotzdem ist die Schweiz ein Land voller Eisenbahnen, die Gipfel erklimmen oder tief unter ihnen hindurch rauschen. Zwei Paßstrecken sind es, die im Transitverkehr eine enorme Bedeutung haben und die trotz vieler aufwendiger Ausbauprojekte ständig an der Grenze ihrer Leistungsfähigkeit stehen: Gotthard und Simplon

Der Gotthard in der Zentralschweiz wird bereits seit 114 Jahren von der Eisenbahn gestürmt, die Strecke verbindet den Grenzraum Basel und Schaffhausen mit dem Grenzbahnhof Chiasso. Auf dieser Route werden vorzugsweise Industrieprodukte und Rohstoffe von Nord- und Mitteleuropa nach Italien und Lebensmittel in der Gegenrichtung transportiert.

Die Verkehrspolitik der Schweiz, die den schweren Transitverkehr auf der Straße möglichst gering halten will, fördert den Bahnverkehr, so daß über den Gotthard der Schienengüterverkehr den auf der Straße bei weitem übertrifft. Dazu gesellt sich der rege Personenfernverkehr, der hier im Stundentakt mit Schnell- und InterCity-Zügen durchgeführt wird. Regionalverkehr gibt es allerdings nicht mehr, er fiel dem starken Güterverkehr zum Opfer und wird seit 1993 mit Autobussen auf der Straße abgewickelt. Auf diese Weise konnten einige zusätzliche freie Trassen für Güterzüge in dem dichten Fahrplan geschaffen werden. Trotzdem sinnt die Schweiz auf eine weitergehende Entlastung. Die „Neue Eisenbahn-Alpen-Transversale“ soll gebaut werden, damit ein europäisches Nadelöhr im Schienenverkehr beseitigt werden kann (siehe dazu auch den Beitrag ab Seite 78).

Aus der Richtung Basel, Biel und Bern kommt der Verkehr, den die private Bern-Lötschberg-Simplon-Bahn (BLS) über die Paßstrecke gen Süden befördert. Zunächst gilt es, zwischen Frutigen und Brig den Lötschberg zu überwinden, wozu neben einem Scheiteltunnel auch eindrucksvolle Kehrschleifen beiderseits der Station Blau-

Links: Von der Gotthardrampe herunter rollt dieser Huckepack-Zug gen Norden. Aufnahme bei Arth-Goldau, 21. Juni 1989. Bild oben: Der klassische „Gotthard-Express“ aus dem Jahre 1899

AUFNAHMEN: BECKMANN, SLG. HÖRNEMANN

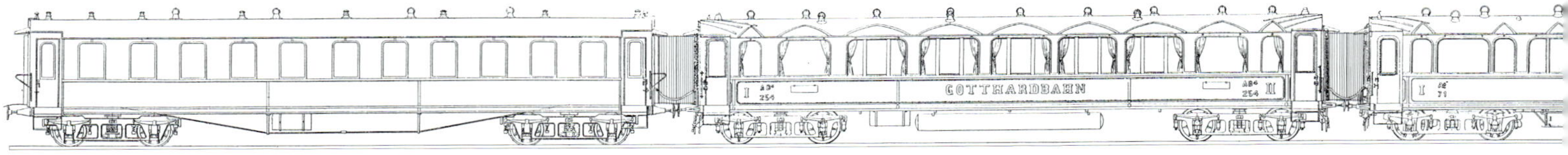

Die Lötschbergbahn (genau: Bern-Lötschberg-Simplon, kurz BLS) ist berühmt für ihre riesigen braunen Altbau-Elloks. Am 21. August 1989 schiebt eine solche Maschine, die Ae 6/8 Nr. 207, bei Kandersteg einen schweren Schotterzug die Nordrampe zum Lötschbergtunnel hinan

Die Gotthard-Südrampe ist gespickt mit Kehrtunnels, Galerien, Stützbauwerken, Viadukten und anderen Kunstbauten. Hier, auf einer Aufnahme aus der Zeit um die Jahrhundertwende, die Spirale von Prato: eine „Etage" über dem Mund des linken, kurzen Tunnels ist ein weiteres Tunnelportal erkennbar. Die Lokomotive der Gattung A 3/5 führt wieder eine der berühmten Gotthard-Garnituren

AUFNAHMEN: DEMNY, SIG. ASMUS

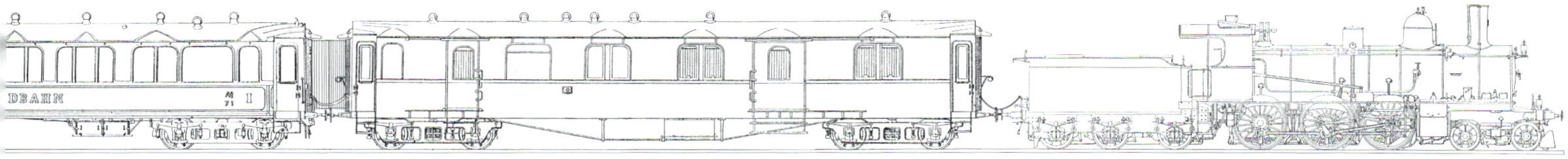

Gotthard-Express

Unsere Vignette zeigt einen D-Zug der Gotthardbahn, zur Zeit um die Jahrhundertwende weltberühmt als „Gotthard-Express“ und auf Seite 57 auch auf einem historischen Foto dargestellt.
Der Zug besteht aus einer Lokomotive der Gruppe A 3/5 (Nummern 202 bis 230), einem kombinierten Post- und Gepäckwagen (Länge über Puffer – wie alle folgenden Wagen auch – 19 640 mm) und je einem Wagen der 1. Klasse, der 1. und 2. Klasse sowie der 3. Klasse.
Im Jahre 1907 wurde eine solche Garnitur auf der Weltausstellung in Mailand gezeigt. Die ersten Einheitswagen der Schweizerischen Bundesbahnen basierten im wesentlichen auf diesem Typ von Reisezugwagen. Die Lokomotiven der Gruppe A 3/5 (alt) wurden später abgelöst von den Heißdampflokomotiven der Gruppe A 3/5 (neu).

Zeichnung: Peter Erdmann

see-Mitholz nötig sind. Nicht weit hinter Brig, ab hier übrigens wieder als SBB-Staatsbahnstrecke, beginnt der Simplon-Tunnel, der den 3553 Meter hohen M. Leone unterfährt und dessen südliches Ende sich bereits in Italien befindet. Dort endet die SBB-Strecke in Domodossola mit Anschluß an die italienische Staatsbahn FS.

Obwohl nicht ganz so bedeutend wie die Gotthard-Route soll auch der Lötschberg einen Zentraltunnel bekommen. Von Frutigen im Norden soll das Massiv unterfahren werden; südlich von Goppenstein sind zwei Ausgänge geplant: eine Trasse führt nach Brig, während die andere in Richtung Leuk verläuft.

Auf der BLS fahren heutzutage die weltweit stärksten vierachsigen Elektrolokomotiven, die als Weiterentwicklung aus der Schweizer „Lok 2000“ entstanden sind. Bei der Schweizer Bundesbahn stehen von dieser formschönen Maschine mittlerweile 119 Exemplare als Baureihe Re 460 im Dienst. Die acht Maschinen dieses Typs, die in modifizierter Ausführung für die BLS gebaut wurden, leisten 7000 kW und werden als Baureihe Re 465 bezeichnet. Sie besitzen im Gegensatz zur roten Farbgebung der SBB-Lokomotiven einen blauen Anstrich.

Frank Pfeiffer

Auf der Lötschbergbahn überbrückt der Bietschtalviadukt die tiefe Schlucht zwischen zwei Felsmassiven, nur wenige Momente währt die Fahrt vom einen Tunnel in den anderen. Unten: Kurz zuvor donnerte der von zwei Re 460 geführte Güterzug noch durch die rauhe Alpenwelt, jetzt empfängt ihn in Bellinzona am Fuße der Gotthard-Südrampe eine mediterrane Umgebung

Aufnahmen: Slg. Wunschel, Beckmann

AUFNAHMEN: SLG. ASMUS BECKMANN

Abenteuerlich ist auch die Trassierung der Gotthard-Nordrampe. Am 15. Mai 1992 verläßt ein Güterzug den Leggistein-Kehrtunnel bei Wassen

Bild links: Zwei Maffei-Dampflokomotiven, die C 4/5 Nr. 2803 und die A 3/5 Nr. 931, im Bahnhof Göschenen, 1910. Nach der schweren Bergfahrt mit dem Neun-Wagen-Schnellzug ist hier Zeit zum Wassernehmen und zur Nachschau der Lokomotiven

Bild links unten: In Frutigen, am Zusammenfluß von Kander und Engstligen, ist das Tal noch weit und freundlich. Weiter oben aber, zum Lötschberg hinauf, wird es eng und schroff. Der Schnellzug mit BLS- und „SBB-Gemeinschaftstraktion“ hat die Bergfahrt bereits hinter sich und rollt auf Bern zu (2. August 1990)

Unten: Blausee an der Lötschbergbahn in einer Aufnahme aus den dreißiger Jahren. Die gewaltige achtachsige Ellok brachte es auf 4 500 PS und galt damit als das Nonplusultra für den schweren Güterzugdienst im Gebirge

AUFNAHMEN: BECKMANN, SLG. SCHMICKER

Zweimotorige Personenzuglokomotive der BLS im Bahnhof Brigg

Krokodile und andere Ungeheuer

Altbau-Elloks in der Schweiz

Die Schweiz war bei der Elektrifizierung von Eisenbahnstrecken Vorreiter in Europa. Strom konnte mit dem Bau von Wasserkraftwerken an den vielen Bächen und Flüssen recht einfach gewonnen werden, die für Dampflokomotiven benötigte Kohle mußte jedoch teuer importiert werden. So sind heute sämtliche bedeutenden und auch nahezu alle übrigen Bahnstrecken elektrifiziert, und Diesellokomotiven spielen nur im Verschub und bei Bauzugdiensten eine Rolle.
Vor allem die wegen ihrer eigenwilligen Form als „Krokodile“ bezeichneten Lokomotiven fanden bei Reisenden und Eisenbahnfreunden gleicher-

Ge 4/6 der Rhätischen Bahn

Im Bahnhof Erstfeld warten zwei Loks der Ba

Ellok-Riese der Bauart Ae 8/14. Bei 244 Tonnen Eigenmasse erreichte die Lok 100 km/h Höchstgeschwindigkeit

Gotthard-Schnellzuglok Ae 4/6

e Be 4/6 auf Arbeit. Links daneben steht die Ce 6/8', die wegen ihres schlechten Laufs „Schlotterbeck“ genannt wurde. Dreimal Baureihe Re 4/4 in Brig (unten)

AUFNAHMEN: SLG. KNIPPING, ASMUS (2), SBB/SLG. ASMUS (2), BBC/SLG. ASMUS

„Krokodil“ Ge 6/6 I Nr. 411 der Rhätischen Bahn auf der Rheinbrücke bei Reichenau (oben). Ce 6/8 Nr. 14253 und De 4/6 Nr. 12320 bei Wassen (unten)

maßen Beachtung. Bedingt durch die vielen Bögen mußten die Maschinen einerseits sehr gelenkig sein, andererseits war für eine möglichst große Zugkraft auch das Reibungsgewicht entscheidend. Dies führte schließlich zu den bekannten Lokomotiv-Riesen, die durch ihre eigenwillige Form und die meist vorhandenen Stangenantriebe den Betrachter faszinierten.

Die bevorzugte Farbe für die Elektroloks war braun. Sie blieb es bei einigen Privatbahnen bis vor wenigen Jahren, seitdem ist ein kräftiges Rot Zeichen für die Zugspitze. In jüngster Zeit begannen zudem einige Bahngesellschaften damit, die glatten Seitenflächen ihrer Lokomotiven zu vermarkten, indem sie sie für Werbezwecke vermieten. Das trägt zwar nicht zur oft beschworenen Corporate Identity bei, bringt aber Geld in die chronisch leeren Kassen der Verwaltungen.

Doch zurück zu den braunen Elloks. Die Bern-Lötschberg-Simplon Bahn verzichtete erst Mitte der neunziger Jahre auf ihre mächtigen Altbauelektroloks der Reihen Ae 6/8 und Ae 8/8, die bis zuletzt in gepflegtem Braun zur Verfügung standen, um schwere Güterzüge über den Simplon zu befördern. Geblieben sind noch die vierachsigen Re 4/4, deren Konstruktion auf die sechziger Jahre zurückgeht. Dennoch wirken sie keinesfalls altmodisch und ihr brauner Lokkasten mit den gerundeten Führerstandspartien steht in angenehmem Kontrast zu den moder-

Ein rotes „Krokodil" der Brig-Visp-Zermatt Bahn (BVZ) rollt mit einem Güterzug bei Stalden talwärts (30. März 1989)

Güterzuglok Be 6/8 II Nr. 13265 (oben). Schnellzug-Ellok der Baureihe Ae 3/6 bei Rotkreuz (13. Mai 1992)

Doppellok Ae 8/8 275 BR auf dem Luogelkinviadukt (oben)

RhB-Krokodil Nr. 405 in S-chanf (Mitte) und zwischen Preda und Bergün (rechts). Schnellzug bei Wassen (ca. 1920, unten)

nen „Containern", die allzu oft die Hand eines begnadeten Designers vermissen lassen oder sich einfach nur unserer eckigen und kantigen Gesellschaft anpassen wollen.

Die Rhätische Bahn kann ebenfalls noch braune Elloks vorweisen. Vier der einstmals fünfzehn „Krokodile" der Reihe Ge 6/6 I sind noch im Einsatzbestand der RhB, wo sie dann und wann ihre modernen Schwestern vertreten müssen. Kaum vorstellbar, diese Loks in rotem Anstrich durch Graubünden fahren zu sehen! Genauso gediegen wie die gelenkigen Ge 6/6 I wirkt die letzte Ge 4/6 der RhB mit der Nummer 353, die seit nunmehr 82 Jahren in braun durch die Bergwelt rollt, heute jedoch nur mehr aus musealen Gründen. Kein Riese, aber gleichfalls braun lackiert seit Großvaters Zeiten ist die Ge 2/4 Nummer 222, die seit 1913 bei der Rhätischen Bahn fährt. Angesichts ihrer Länge von nur 8,70 m, ihrem Gewicht von nur 30 t und ihrer Höchstgeschwindigkeit von 55 km/h neigt der Betrachter dazu, die Verniedlichungsform zu benutzen und die Ge 2/4 als „Maschinchen" zu bezeichnen, wenn sie da so „niedlich" oder „putzig" über die Gleise rumpelt.

Grüne Elloks sind mittlerweile auch von der Abstellung bedroht, seit die SBB sich von ihren letzten Altbauloks mit Buchli-Antrieb, den Reihen Ae 3/6 und Ae 4/7, trennt. Die jüngeren Vertreter der grünen Maschinen sind bereits im schmucken Rot unterwegs. F. Pfeiffer

Hohsaas - Saas Grund

Wer im Berghaus Hohsaas auf 3100 m ü. NN. einen Schlafplatz gefunden hat, staunt am nächsten Morgen nicht schlecht. Im ersten Sonnenlicht erstrahlen Monte Rosa, Strahlhorn, Rimpfischhorn, Allalinhorn, Alphubel, Täschhorn, Dom, Lenzspitze, Nadelhorn, Stecknadelhorn und Hohberghorn.
Keiner dieser majestätischen Eisriesen ist weniger als 4000 Meter hoch. Die Bergstation Hohsaas befindet sich an der östlichen Flanke des steil ansteigenden Saastals im südlichen Wallis, 35 Kilometer von Brig entfernt. Seit den siebziger Jahren erschließt eine Gondelbahn das Gebiet von Kreuzboden und Hohsaas. Mit den modernen, roten Gondeln erklimmen die Fahrgäste in wenigen Minuten den 3100 Meter hoch gelegenen Panoramaplatz. 1545 Meter Höhenunterschied liegen zwischen dem Dorf und der Bergstation, die Seile der beiden Sektionen sind über eine Strecke von rund 4,5 Kilometer gespannt. Obwohl die Anlage in erster Linie für Skifahrer errichtet wurde, bereichert sie natürlich auch das Angebot des Sommertourismus in Saas Grund.
Wanderer kommen voll auf ihre Kosten. Besonders der Abstieg zur Mittelstation mit dem bezaubernden Kreuzboden-Seelein lohnt sich.

Luftseilbahn Saas Grund – Trift AG, Postfach 45, CH-3910 Saas Grund. Info-Hotline: 0041 / (0)27 957 22 62.

Auf Schienen und an Seilen

Die Schweizer Bergbahnen laden zu traumhaften Ausflügen ein

Stockhorn/Rote Nase - Zermatt

Gewöhnlich erwartet man von einer Bergbahn, daß sie möglichst viele Meter in die Höhe führt. Wer die Kabine der Pendelbahn Hohtäli – Rote Nase betritt, hat freilich derlei Erwartungen abgelegt: Gerade elf Höhenmeter sind nach dreiminütiger Fahrt überwunden – 3262 bis 3273 Meter ü.M. Und doch ist die Bahn auf dem Felsrücken zwischen Gorner- und Findelngletscher alles andere als sinnlos.
Mit der ersten elektrischen Zahnradbahn der Schweiz – und mit der höchsten, frei im Gelände angelegten Schienenbahn Europas – fährt man zunächst von Zermatt aufs Gornergrat. Seit 1958 erschließt die Seilbahn Gornergrat – Hohtälli – Stockhorn die Skihänge an der Westflanke des Grats. 1964 wurde diese Anlage durch den Gletscher-Skilift Triftji – Rote Nase ergänzt. Von diesem Skilift führte früher lediglich ein nicht ganz ungefährlicher Gratweg zur Bahn zurück. Seit der Wintersaison 1986/87 sind auch diese 687 Meter sicher erschlossen. Die Station Rote Nase wurde 15 Meter hoch ab Fundamentplatte als offene Stahlkonstruktion erstellt. Die dreiminütige Fahrt mit der flachsten Pendelbahn der Welt führt zu einer einzigartigen Aussichtswarte hoch über dem mondänen Ferienort Zermatt.

Gornergratbahn AG, Nordstrasse 20, CH-3900 Brig. Info-Hotline: 0041 / (0)27 967 27 44

Eggishorn - Fiesch

Noch vor wenigen Jahrzehnten gab es im Oberwalliser Dörfchen Fiesch kaum andere Arbeit als auf dem Feld und im Stall. Wie andere Bergregionen war auch das Goms stark von der Abwanderung betroffen. Doch Fiesch resignierte nicht, die Gemeindeväter suchten einen neuen Weg in die Zukunft – und fanden ihn überraschend schnell mit dem Bau der Pendelbahn aufs Eggishorn (2926 Meter ü.M.).
Plötzlich erlebte der Ort Fiesch einen massiven touristischen Aufschwung. Schon nach wenigen Jahren mußte die Seilbahn vergrößert und erweitert werden, denn Besucherinnen und Besucher aus der ganzen Welt ließen sich aufs Eggishorn tragen, von wo aus man eine grandiose Aussicht über den Grossen Aletschgletscher genießen kann. Der mächtigste Eisstrom der Alpen ist in seiner ganzen Länge sichtbar.
Vor 120 Jahren hatte der 86 Quadratkilometer umfassende Gigant noch fast die doppelte Ausdehnung. Das Eggishorn wird mit der Seilbahn von Fiesch über Kühboden (zwei Sektionen) erreicht. Die Bahn überwindet auf 4795 Meter Länge einen Höhenunterschied von 1807 Meter. Mit ihren 125 Personen fassenden Kabinen gehört das Unternehmen zu den leistungsfähigsten Seilbahnen der Schweiz.

Luftseilbahn Fiesch – Eggishorn AG, CH-3984 Fiesch. Info-Hotline: 0041 / (0)27 971 27 00

First – Grindelwald

Nirgendwo sonst in den Alpen stoßen die Gletscher so weit ins Tal vor wie im Berner Oberländer Feriendorf Grindelwald. Damit haben der Obere und der Untere Grindelwaldgletscher dem Weltkurort den Beinamen „Gletscherdorf" eingetragen.
Ein Meilenstein in der Geschichte Grindelwalds war das Jahr 1947, als die längste Sesselbahn Europas den Betrieb aufnahm. Mit ihr schwebten die Touristen in dreißig Minuten auf den grandiosen Panoramaplatz First (2167 Meter ü.M.). Statt der Sesselbahn verkehrt seit 1991 eine Gondelbahn, geblieben ist jedoch die Faszination einer Fahrt im Angesicht schroffer Felsen und wilder Gletscher. In den bequemen 6er-Gondeln hat jeder seinen „Fensterplatz". Das Wander- und Skiparadies liegt viele hundert Meter über der Baumgrenze, zu Füßen des 2928 Meter hohen Schwarzhorns. Überwältigend ist der Ausblick auf die höchsten Gipfel der Berner Alpen: Finsteraarhorn, Wetterhorn, Schreckhorn und andere Viertausender präsentieren sich zum Greifen nah. Die Gondelbahn auf der Sonnenseite des Tales von Grindelwald führt vom Dorfzentrum auf die First (Länge 5226 Meter, Höhenunterschied 1105 Meter, Fahrzeit 20 Minuten).

Information *Bergbahnen Grindelwald – First AG, CH-3818 Grindelwald. Info-Hotline: 0041 / (0)33 853 36 36*

Niesen – Mülenen im Kandertal

Eingang ins Guiness-Buch der Rekorde fand nicht etwa das weltberühmte Matterhorn im Wallis, sondern der markante, 2362 Meter hohe Niesen im Berner Oberland. Zwar ist das Matterhorn fast doppelt so hoch und steht im Zentrum des Alpinismus – doch besitzt es keine Stufen. Die längste Treppe der Welt mit 11 674 Stufen führt nämlich von Mülenen auf den Niesen, den Aussichtsberg über dem Thunersee. Sie verläuft entlang der 3527 Meter langen Trasse der Standseilbahn.
Freilich darf sie von Besuchern nicht betreten werden, sie ist als Diensttreppe nur dem Bahnpersonal zugänglich. Die 1910 eröffnete Standseilbahn bietet denn auch eine weit bequemere Möglichkeit, diese wohl schönste Pyramide der Schweiz zu erklimmen. Für die 1669 Meter Höhendifferenz benötigt die ab Mülenen im Kandertal verkehrende Niesenbahn eine knappe halbe Stunde; auf der Mittelstation Schwandegg muß der Gast vom Wagen der 1. Sektion auf denjenigen der anschließenden 2. Sektion umsteigen. Die maximale Steigung der Bahn beträgt 68 Prozent. Damit ist das Verhältnis von horizontaler Entfernung zu vertikaler Höhe gemeint. Eine Bahn, die auf 100 Meter ebenfalls 100 Meter Höhe gewinnen würde, hätte demnach eine Steigung von 100 Prozent.

Information *Niesenbahn AG, Betriebsleitung, CH-3711 Mülenen. Info-Hotline: 0041 / (0)33 676 11 12*

Stanserhornbahn Stans

Hoch über dem Vierwaldstättersee an der Kantonsgrenze zwischen Nidwalden und Obwalden genießt man vom Stanserhorn (1898 Meter ü.M.) eine faszinierende Aussicht auf die Berner und Innerschweizer Alpen. Einmalig ist auch die Fahrt mit der Oldtimer-Standseilbahn, vor kurzem feierte die Gesellschaft ihr hundertjähriges Bestehen. Vor dem Bau der Luftseilbahn bestanden bis zum Stanserhorn zwei weitere Sektionen dieser Art. Sie zählten mit 63 Prozent Steigung zu den steilsten im Land.
Noch heute weist die unterste Sektion mit 27 Prozent Neigung eine Eigenheit auf: Die Bahn hat nach über 100 Jahren immer noch die ursprünglichen Holzwagen in Betrieb. Der Bau kostete vor mehr als hundert Jahren einschließlich aller Gebäude übrigens nicht einmal 1,5 Millionen Franken. Gleich zweimal kreuzt die Bahn eine Straße, solche Niveauübergänge sind für Standseilbahnen schon mehr als ungewöhnlich. Auf ihrer 24-minütigen Fahrt überwinden die Passagiere einen Höhenunterschied von 1404 Metern.
Die Luftseilbahn (2. Sektion) führt nicht bis zum Gipfel, sondern lediglich auf einen kleinen Felsvorsprung auf 1848 Meter ü.M. Es fehlen also noch 50 Höhenmeter, diese werden auf einem gut ausgebauten Weg zurückgelegt.

Information *Stanserhorn-Bahn, Stansstaderstr. 19, CH-6370 Stans. Info-Hotline: 0041 / (0)41 610 14 41*

Brienzer Rothorn – Brienz

Aus wirtschaftlichen Überlegungen erfolgte das endgültige Aus für den Dampfbetrieb auf westeuropäischen Geleisen bereits in den frühen sechziger Jahren. Nicht aber auf dem Brienzer Rothorn im östlichen Gebirgszipfel des Berner Oberlandes. Bis vor kurzem bewältigten sieben alte, zum Teil fast hundertjährige Dampflokomotiven den immer größer werdenden Andrang auf den Aussichtsberg (2349 Meter ü.M.). Die altehrwürdigen Maschinen leisteten, wie in den ersten Jahren nach Inbetriebnahme, treu ihren Dienst. Da es gerade Dampflokomotiven sind, die den Reiz einer Fahrt aufs Rothorn ausmachen, sah man sich gezwungen, die Veteranen etwas zu schonen. Gemeinsam mit der Schweizerischen Lokomotiv- und Maschinenfabrk (SLM) in Winterthur schickte sich die Brienz-Rothorn-Bahn (BRB) daran, brandneue Dampflokomotiven zu konstruieren. Bereits im Jahre 1992 gelangte die erste neue Dampflok des Typs H 2/3 Nr. 12 zur BRB, im Sommer 1996 konnten zwei weitere fabrikneue Dampflokomotiven des Typs H 2/3 (Nr. 14 und 15) in Betrieb genommen werden. Den Heizer sucht man auf den neuen H 2/3 allerdings vergeblich. Einmannbedienung ist bei den ölbefeuerten Dampflokomotiven mit Totmann- und Wachsamkeitseinrichtung möglich.

Brienz-Rothorn-Bahn AG, CH-3855 Brienz. Info-Hotline: 0041 / (0)33 951 44 00

Corvatsch – Surlej-Silvaplana

Der Piz Corvatsch, der seinen Namen vom großen Bergraben – romanisch „corv" mit der Vergrößerungsform „atsch" – herleitet, ist im Winter wie im Sommer Ziel einer stets wachsenden Zahl von Wanderern und Skifahrern. Im Jahre 1894 wurde er von den Engadinern Philipp Mark und Claudio Saratz erstmals mit Skiern bestiegen. Nahezu 70 Jahre später, im Jahre 1963, hat die Luftseilbahn Surlej-Silvaplana – Corvatsch ihren Betrieb aufgenommen. Der Weitblick und die Beharrlichkeit der Initianten wurde aufs schönste belohnt. Ob Berggänger, Skifahrer oder bloß Ausflügler, sie alle stehen nach der weniger als 15 Minuten dauernden Fahrt von der Talstation Surlej (1870 m ü.M.) über die Mittelstation Murtèl (2702 Meter ü.M.) zur Bergstation (3303 m ü.M.) im Banne einer einzigartig schönen Alpenwelt. In zwei Sektionen (Gesamtstreckenlänge 4450 Meter) überwinden die Fahrgäste einen Höhenunterschied von 1433 Meter ü.M. Das Unternehmen beschäftigt etwa 90 Mitarbeiter. Die phantastische Rundsicht von der Bergstation umfasst ein Panorama von nahezu 3000 Gipfeln. Im Mittelpunkt dieses Amphitheaters stehen die beiden Eisriesen Piz Roseg (3937 m ü.M.) und Piz Bernina (4049 m ü.M.), einziger Viertausender der Ostalpen.

Luftseilbahn Surlej-Silvaplana-Corvatsch AG, CH-7513 Silvaplana. Info-Hotline: 0041 / (0)81 828 82 42

Jungfraujoch – Wengen

Das Jungfraujoch thront über dem autofreien Kurort Wengen und wartet nicht nur mit landschaftlichen Höhepunkten, sondern auch mit einem eisenbahntechnischen Europarekord auf. Hier oben, auf 3454 Meter ü.M., befindet sich die höchste Eisenbahnstation Europas. Damit hat sich das Jungfraujoch auch die Bezeichnung „Top of Europe" verdient. Die Anfahrt erfolgt von Interlaken über Lauterbrunnen, Wengen und Kleine Scheidegg. Dort beginnt dann das – ungefährliche – Abenteuer der Rekordfahrt aufs Jungfraujoch.

Das erste Teilstück der Zahnradstrecke bis zum Eigergletscher verläuft noch unter freiem Himmel. Doch dann verschwindet die Jungfrau-Bahn im Tunnel, den sie bis zur Bergstation nicht mehr verläßt. Damit die Touristen dennoch etwas von der Hochgebirgswelt mitbekommen, gibt es bei den Stationen Eigerwand und Eismeer Aussichtshalte. Erst nach einer knappen Stunde Fahrt und 7222 Meter Tunnelstrecke kommt man oben auf dem Jungfraujoch an. Hier hat man sich nicht etwa ins Land der aufgehenden Sonne verirrt. Japanische Schriftzeichen sind allgegenwärtig, während der Fahrt erklingen sogar japanische Ansagen über Lautsprecher und eine Lok trägt den Namen der Hafenstadt Otsu – für Japaner auf Europareise ist das Jungfraujoch eben ein „Muß".

Jungfraubahnen, Harderstrasse 14, CH-3800 Interlaken. Info-Hotline: 0041 / (0)33 828 71 11

Säntis – Schwägalp

Weithin sichtbar erhebt sich das Säntismassiv aus der reizvollen Erholungslandschaft am Bodensee. Der für jeden Besucher unvergeßliche Panoramablick vom Säntisgipfel erstreckt sich über die ganze Alpenkette von sechs Ländern (Schweiz, Österreich, Liechtenstein, Deutschland, Italien und Frankreich). Eine Pionierleistung war Anfang der dreißiger Jahre der Bau der Pendelbahn auf den Gipfel. Diese Bahn machte den Säntis für alle Ausflügler erreichbar. Mehrmals umgebaut, präsentiert sich die Anlage heute als modernes, leistungsfähiges Unternehmen.
In den roten Kabinen finden 100 Personen bequem Platz, und während der Fahrzeit von nur sieben Minuten werden über 1100 Höhenmeter überwunden. Die neue Seilbahn verkehrt seit 1974, pro Stunde können mit ihr in jeder Richtung bis zu 800 Personen befördert werden. Die Fahrgeschwindigkeit beträgt respektable acht Meter pro Sekunde. Noch immer zu erkennen ist die Talstation der alten, 1935 eröffneten Säntisbahn, sie wurde zu einem unkonventionellen Hotel umgebaut. Der Säntis (2503 Meter ü.M.) ist aber nicht nur höchster Gipfel der Ostschweiz und erstklassiges Panoramaziel, sondern auch Beobachtungsposten für Meteorologen und Zentrum der Kommunikationstechnik.

Information *Säntisbahn AG, CH-9107 Schwägalp. Info-Hotline: 0041 / (0)71 365 65 65*

Parpaner Rothorn – Lenzerheide-Valbella

Nur zwanzig Autominuten von Chur entfernt liegt auf 1500 Meter ü.M. inmitten einer parkähnlichen Landschaft der Ferienort Lenzerheide-Valbella. Während im Osten die Felsen und Gipfel der Rothornkette steil gegen den Himmel steigen, erstrecken sich im Westen die sanften Alpweiden der Scalottaskette. Dazwischen liegt der tiefblaue Heidsee.
Die Rothornbahn und Scalottas AG betreibt 14 Transportanlagen und fünf Bergrestaurants. Sie hat bedeutend zur touristischen Entwicklung von Lenzerheide-Valbella beigetragen, denn ohne den Mut der einstigen Pioniere hätte der Ort nicht diese touristische Bedeutung erlangt. Heute beschäftigt das Unternehmen 52 Jahres- und 120 Saisonangestellte. Die Luftseilbahn aufs Parpaner Rothorn ist in zwei Sektionen unterteilt. Rauh und zerklüftet ist die Gipfelregion (2863 Meter ü.M.). Oberhalb des Bergrestaurants befindet sich eine Aussichtsplattform. Noch eindrücklicher ist der Blick vom 2899 Meter hohen Ostgipfel, den man nach einem 20-minütigen Fußmarsch (Trittsicherheit erforderlich) erreicht. Naturverbundene Wanderer können die Geologie im Gipfelbereich des Parpaner Rothorns neu entdecken. Zu diesem Zweck sind zwei bestehende, leicht begehbare Wegstrecken mit Wegweisertafeln versehen worden.

Information *Rothornbahn und Scalottas AG, CH-7078 Lenzerheide/Lai. Info-Hotline: 0041 / (0)81 385 03 85*

Diavolezza – Pontresina

Die Diavolezza (2978 Meter ü.M.) ist weitherum als beliebtes Ausflugsziel inmitten der gigantischen Eiswelt des Palü- und Berninamassivs ein Begriff. Vom felsernen Balkon genießen Besucherinnen und Besucher den Blick auf die wilden und zerklüfteten Gletscherfelder des Vadret Pers mit dem aus ihm herausragenden Felseneiland, der Isla Persa (verlorene Insel). Seit dem Bau der Luftseilbahn im Jahre 1956, der erst nach harten Auseinandersetzungen und der Überwindung finanzieller Schwierigkeiten erfolgen konnte, ist der Panoramaberg zu einem leicht erreichbaren Treffpunkt der Wanderer und Wintersportler geworden. Von der neuen, größeren Diavolezza-Bahn, die 1980 ihren Betrieb aufnahm, profitieren vor allem die Skifahrer. Die früher üblichen Wartezeiten von bis zu zwei und mehr Stunden sind seit der Einführung der Kabinen mit 125 Plätzen nur noch Erinnerung. Der Panoramaplatz wird im Sommer wie im Winter von unzähligen Touristen aus dem In- und Ausland besucht. Begeistert von der Pracht und einmaligen Schönheit der vereisten Spitzen und Schründe, nehmen sie unauslöschliche Erinnerungen mit nach Hause. Faszinierend ist der Ausblick auf den mächtigen Eisdom des Piz Cambrena (3603 Meter ü.M.) und die gleißende Gipfelwelt des berühmten Piz Palü (3905 Meter ü.M.).

Information *Diavolezza-Bahn AG, CH-7504 Pontresina. Info-Hotline: 0041 / (0)81 842 64 19*

Unterhalb der Ruine „Steinsberg“ fährt das Rhätische Krokodil 411 seinen GmP von Scuol-Tarasp durchs Engadin nach Samedan (Ardez, 23. Juli 1993)

Bündner Gebirgsbahn

Die Rhätische Bahn als heimliche Staatsbahn im Schweizer Kanton Graubünden

Ein Bahnpoststempel der Rhätischen Bahn von 1958 ziert diese Postkarte vom Lago Bianco (Berninabahn)

Schroffe Berge, tiefe Täler, bezaubernde Orte, Wintersportparadies: das ist die Beschreibung der Heimat der Rhätischen Bahn

Bis 1798 war Graubünden ein selbständiger Alpenstaat, der durch den Warentransport über seine Alpenpässe einen gewissen Wohlstand erreicht hatte. Das setzte sich auch fort, nachdem Graubünden mit seinen 7106 Quadratkilometern der größte und zugleich am schwächsten besiedelte Kanton der Schweiz geworden war. Die Fertigstellung der Alpentransversalen Gotthard und Brenner beendete den Handelswohlstand jedoch. Zu allem Überfluß umgingen die neuen Eisenbahnstrecken den Kanton fast vollständig und nur Chur erhielt Anschluß ans regelspurige Schienennetz. Zur wirtschaflichen Rettung setzte man in

AUFNAHMEN: DEMNY, STEINER/SLG. KNIPPING

Graubünden auf den aufkommenden Fremdenverkehr. Die Ferienorte mußten aber problemlos erreichbar sein, weshalb der Kanton in eigener Regie den Bau eines meterspurigen Eisenbahnnetzes begann.

Im Laufe der Jahre erschlossen 375 km die Täler des Kantons, 485 Brücken und Viadukte überspannten Abgründe und Schluchten, 116 Tunnels durchstießen die Felsen. Um den bautechnischen Aufwand so gering wie möglich zu halten, wurde auf Zahnradstrecken verzichtet, und Steilstrecken mit bis zu 70 Promille im Reibungsbetrieb wurden vorgesehen. Kurvenradien von stellenweise nur 45 Metern waren nötig, um die Eisenbahn durch die Täler zu bringen.

Bereits seit 1913 elektrischer Betrieb

Im Juli 1890 war die erste Linie der RhB von Landquart nach Davos fertig, 1896 folgte das Stück Landquart – Thusis und 1904 konnte eine Verbindung ins Engadin nach St. Moritz eröffnet werden. Weiter nach Scuol fuhren die ersten Züge 1913, und das bereits elektrisch! In dieser Zeit besaß die Rhätische Bahn 57 Dampflokomotiven, von denen heute nur noch drei übriggeblieben sind. Wegen der fortschreitenden Elektrifizierung der RhB-Strecken wurden die meisten Dampfloks überflüssig

Zwischen Bergün und Preda (Luftlinie 6,5 km) benötigt die Albulabahn 12,6 km Strecke (Februar 1996)

Die Züge der bis 1943 selbständigen Berninabahn fahren von Beginn an elektrisch, mit vom übrigen Netz abweichender Fahrspannung (Punt Muragl, 1984)

AUFNAHMEN: S. KLEIN, BECKMANN

Nochmals die Albulabahn: Beim tief verschneiten Muot befährt der Reisezug mit Autotransport den weiten Bogen vor dem Kehrtunnel (Februar 1991)

Das wohl berühmteste Bauwerk der Rhätischen Bahn: Der Landwasserviadukt bei Filisur

und bereits in den zwanziger Jahren nach Brasilien und Thailand verkauft. Ab 1922 besaß die RhB nur noch einige Dampfloks für Notzwecke. Der planmäßige Betrieb auf allen Strecken aber wurde mit elektrischen Fahrzeugen abgewickelt. Dabei blieb es selbstverständlich bis heute.

Berühmtes Krokodil

Durch die Umstellung auf elektrischen Zugbetrieb wurden selbstverständlich auch leistungsstarke Elektrolokomotiven benötigt. Im Juli 1921 kam eine Baureihe zur Rhätischen Bahn, die berühmt wurde: das RhB-Krokodil. Von den in Anlehnung an die Gotthard-Lokomotive Ce 6/8 II konstruierten Maschinen wurden 15 Exemplare beschafft, die bis Mitte der achtziger Jahre in Dienst standen. 1996 waren noch vier Maschinen dieses Typs betriebsfähig bei der RhB vorhanden, wenngleich ihre Einsätze inzwischen selten geworden sind.

Heute rollen rote Züge, aus der Ferne Modelleisenbahnen gleich, durch die großartige Landschaft, passen sich den Berghängen an, überqueren tiefe Abgründe in waghalsiger Höhe und verschwinden, wenn es nicht mehr anders geht, im Tunnel. Wer mitfährt, erlebt ein Panoramabild, daß kaum endend an seinem Auge vorüberzieht. Nicht hastig, sondern in Ruhe schweift der Blick in die Täler. Das Tempo der Schnellzüge bietet genügend Gelegenheit dazu. FRANK PFEIFFER

AUFNAHMEN: HITZ, STUDER

AUFNAHME: HAFENRICHTER

Den Weg des Bernina-Express A von Chur nach Tirano kann man bei Preda auch auf einem eisenbahnkundlichen Lehrpfad kennenlernen (September 1996)

Der Triebwagen ABe 4/4 54 der Bernina-Linie mit dem Zug 500 auf dem berühmten Kehrviadukt in Brusio.

Glacier-Express

Eine rollende Legende

Unter einem Schnellzug stellen sich die meisten Menschen heutzutage eine – wie der Name schon sagt – schnelle Zugverbindung vor. Und während die meisten Bahnen daran interessiert sind, die Fahrzeiten immer weiter zu verkürzen, gibt es einen Zug, der für sich den Titel in Anspruch nimmt, der langsamste Schnellzug der Welt zu sein: der Glacier-Express. Seit über 65 Jahren lädt er ein zu einer beschaulichen Reise durch die faszinierende Bergwelt. Auf seiner rund siebenstündigen Fahrt überquert er 291 Brückenbauwerke und durchfährt 91 Tunnels. In zahllosen Bögen windet sich der rote Zug bis auf eine

AUFNAHMEN: DEMNY STUDER

Höhe von 2033 Metern ü. NN. Eine Fahrt mit diesem Zug ist ein Erlebnis der besonderen Art, und das nicht nur wegen der geringen Geschwindigkeit. Vielmehr sind es die unterschiedlichen Eindrücke, die der Reisende beim Blick aus dem Fenster sammeln kann, während er im stilvollen Speisewagen die Köstlichkeiten der Schweizer Küche genießt. ●

Bei Hospental überquert der Glacier-Express eine der vielen Brücken (links oben)

Der Glacier-Express in Gletsch auf der früheren Furka-Bergstrecke (links) und oberhalb von Stalden auf der Zermattbahn (rechts oben)

Auf dem mittleren Streckenabschnitt befährt der „Glacier" die Furka-Oberalp-Bahn

AUFNAHMEN: STUDER

Bleibt die Gotthardbahn von 1882 noch eine der Hauptschlagadern des transeuropäischen Schienenverkehrs? – Internationaler Schnellzug bei der Polmengo-Brücke oberhalb von Faido an der Gotthard-Südrampe

Alte Gebirgsbahnen, neue Transversalen

Statt Alpenpanorama: Tunnelfahrt durch Granit

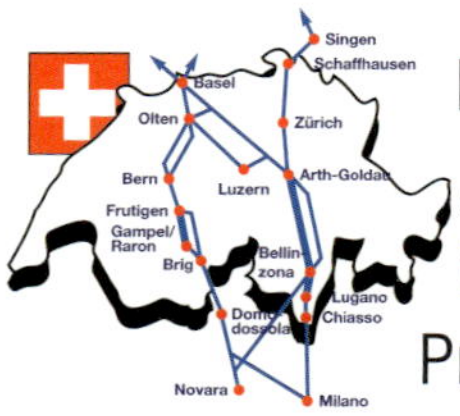

Die teuren und ehrgeizigen Eisenbahn-Ausbauprojekte „Bahn 2000" und „AlpTransit" der Schweizerischen Bundesbahnen sind unter Druck geraten. Das „AlpTransit"-Projekt mit dem Gotthard- und dem Lötschberg-Basistunnel erweist sich als nicht finanzierbar. – Bleiben uns also die klassischen Alpenbahnen an Gotthard, Lötschberg und Simplon erhalten?

Erst 1992 haben die schweizerischen Stimmbürgerinnen und Stimmbürger an der Urne den Bau je einer neuen Eisenbahn-Alpentransversalen am Gotthard und am Lötschberg beschlossen. Der Entscheid wurde dem Stimmvolk damals leicht gemacht, hieß es doch, dieses „AlpTransit"-Projekt werde betriebswirtschaftlich rentabel sein und die Investitionskosten von 14,9 Milliarden Franken (Preisstand 1991) ließen sich innerhalb von 60 Jahren mit den Betriebsgewinnen amortisieren. Unter dem Strich würde die Bundeskasse mit keinem Rappen belastet.

Ein großes Projekt und viele Versprechungen

Bei der „AlpTransit"-Abstimmung ging es jedoch keineswegs nur um die beiden Basistunnel, die auch „NEAT" („Neue Eisenbahn-Alpen-Transversalen") genannt werden. Um die regionalen Interessen auszugleichen, wurden als sogenannte „Annex-Projekte" verschiedene weitere Vorhaben in die Abstimmungs-Vorlage verpackt. Es handelt sich hierbei um weitere Tunnelbauten auf den Zufahrtsstrecken, einen direkten Anschluß der Ostschweiz an die Gotthardachse mit einem Y-förmigen Tunnel unter Zimmerberg und Hirzel, eine direktere Anbindung der Westschweiz ans französische TGV-Netz sowie verschiedene lokale Ausbauten auf den Meterspurnetzen der Rhätischen Bahn und der Furka-Oberalp-Bahn. Damit sollte „AlpTransit" auf optimale Weise mit „Bahn 2000" verknüpft werden.

1993, nur ein Jahr nach der „AlpTransit"-Abstimmung, mußte die schweizerische Regierung schwerwiegende Fehler bei der Konzeption des Infrastrukturprojektes „Bahn 2000" der SBB eingestehen. Über dieses Projekt hatte das Stimmvolk bereits 1987 entschieden. Nun, 1993, wurde die Hiobsbotschaft verbreitet, die Kosten für „Bahn 2000" würden ein Mehrfaches der ursprünglich gedachten Summe betragen.

Nach diesem Eingeständnis entschied das Parlament, „Bahn 2000" in mehreren Etappen zu verwirklichen. In einer ersten Etappe soll nun lediglich knapp die Hälfte des ursprünglichen Projektumfanges von „Bahn 2000" realisiert werden.

„AlpTransit" ist mit Sicherheit professioneller geplant worden als „Bahn 2000". Trotz großer Risiken beim Bau langer Untertagstrecken sind die Kostenschätzungen von 1992 auch heute noch gültig. Für zusätzlichen Druck auf Politiker, Eisenbahner und Ingenieure sorgte die Volksabstimmung über die sogenannte „Alpeninitiative", mit welcher der alpenquerende Güterverkehr zwingend auf die Schiene verlegt werden soll. Zudem hatten die europaskeptischen Schweizer bereits vor der Annahme der Alpeninitiative mit der EU den sogenannten „Transitvertrag" abgeschlossen, in dem die Schweiz der EU – ohne EU-Gegenleistungen im Infrastrukturbereich! – den Bau von zwei Basislinien durch die schweizerischen Alpen zusichert. Gemäß diesem Vertrag müssen die ersten Teilstücke der ersten der beiden Alpentransversalen bis ins Jahr 2005 fertiggestellt werden. Der Bau der zweiten Linie kann später erfolgen.

Für einen politischen Schock sorgten zwei anfangs 1995 veröffentlichte Gutachten, nach denen sich die neu zu bauenden Basistunnels betriebswirtschaftlich nie rentieren werden. Bis ins Jahr 2070 errechneten die Experten einen kumulierten Fehlbetrag von 32 Milliarden Franken – eine doch recht massive Korrektur des Traums von zwei neuen Alpendurchstichen zum Nulltarif!

Sofort wurde der Ruf laut, nach „Bahn 2000" nun auch „AlpTransit" zu etappieren – dies umso mehr, als die Konjunkturflaute zu enormen Verkehrseinbrüchen auf SBB und BLS geführt hatte und die bereits bestehenden Kapazitäten der alten Bergstrecken an Gotthard und Lötschberg bei weitem nicht ausgeschöpft sind.

Neue Diskussionen und ein Entscheid

Wieso also gleich zwei zusätzliche Hochleistungsbahnen bauen? Auf einen Schlag waren die Diskussionen um den Bau eines oder mehrerer Eisenbahn-Basistunnels wieder dort angelangt, wo sie 1963, über 30 Jahre vorher, begonnen hatten: Westschweizer und Berner machen sich stark für den Lötschberg-Basistunnel, weil dieser finanziell anspruchsloser und schneller zu bauen sei als der Gotthard-Basistunnel. Zürcher, Basler und Zentralschweizer setzen sich mit aller Kraft für „ihren" Gotthardtunnel ein. Die Ostschweizer plädieren ebenfalls für den Gotthard, wollen dieses Projekt jedoch um jeden Preis mit dem Bau „ihres" Hirzeltunnels verknüpft wissen.

Im Gegensatz zu „Bahn 2000" ist für eine Etappierung von „AlpTransit" eine zweite Volksabstimmung erforderlich. Zudem besteht die im „Transitvertrag" festgeschriebene Pflicht zum Bau beider Linien. Eine „AlpTransit"-Redimensionierung kann demnach nicht in einen faktischen Verzicht auf eine der beiden Basislinien münden, weil die Schweiz dann den Transitvertrag brechen würde. Es ist unmöglich, in einer derart verfahrenen und emotionsgeladenen Situation eine Lösung zu finden, die alle Interessen befriedigt. Ende April 1996 hat die schweizerische Landesregierung einen wegweisenden Entscheid zur Finanzierung und Variantenwahl gefällt:

● Beide **Basistunnels** werden **gemäß ursprünglichem Zeitplan gleichzeitig gebaut.** Der Gotthard-

Zwei Re 460 schleppen einen Containerzug bergwärts, aufgenommen am 30. April 1996 zwischen Intschi und Gurtnellen auf der Gotthard-Nordrampe

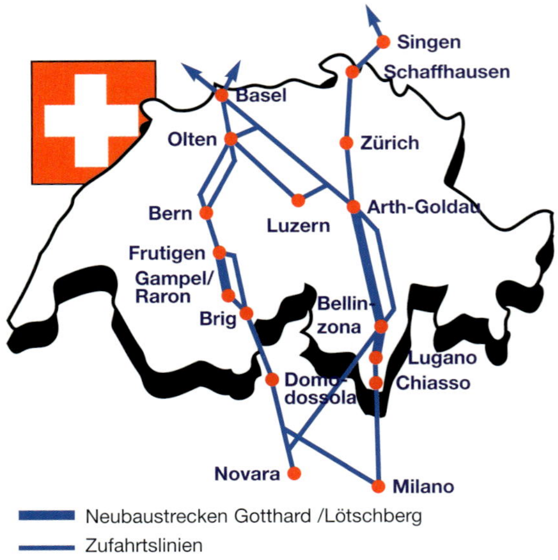

von Biasca) führen, der Lötschberg-Basistunnel von Frutigen nach Baltschieder (westlich von Visp).

● Der **Lötschberg-Basistunnel** wird über weite Strecken vorläufig nur eingleisig ausgerüstet. Auf den Betrieb einer „rollenden Straße“ durch den Lötschberg-Basistunnel wird vorerst verzichtet. Diese „rollende Straße“, die als Ersatz für die nicht gebaute Rawil-Autobahn gilt, wird weiterhin durch den bestehenden Lötschberg-Scheiteltunnel betrieben.

● Am **Gotthard** wird zusätzlich ein **Ceneri-Basistunnel** von S.Antonino (südlich von Bellinzona) nach Lugano gebaut.

● Der **Hirzeltunnel** als Anbindung der Ostschweiz **wird nicht gebaut**. Der andere Y-Ast, der Zimmerbergtunnel, entsteht im Rahmen von „Bahn 2000“

● Ebenso vorläufig **nicht gebaut werden sämtliche Anschluß-Strecken** unmittelbar an die Basistunnels (Gotthard: Neubaustrecke Arth-Goldau – Erstfeld mit Urmiberg- und Axen-Tunnel, Neubaustrecke Giustizia – Umfahrung Bellinzona – S.Antonino; Lötschberg: Niesenflankentunnel, Umfahrung Frutigen, Abzweigung Mund, Verbindungskurve in Richtung Mittelwallis).

● Die **erste Etappe von „Bahn 2000“** wird entsprechend der angepaßten Planung von 1993 bis etwa ins Jahr 2005 fertiggebaut.

● Anschließend wird eine **zweite Etappe von „Bahn 2000“** in Angriff genommen. Um das Jahr 2015, nach Abschluß dieser zweiten Etappe, sind rund 75 Prozent des ursprünglichen Projektumfanges von „Bahn 2000“ realisiert.

Die Simplon-Strecke bleibt von Veränderungen verschont. – Nordportale des Simplontunnels bei Brig

● **Genf** erhält einen direkten **TGV-Anschluß.**

● Ein Sonderkredit wird für **Lärmschutzmaßnahmen** längs des gesamten schweizerischen Schienennetzes (SBB und Privatbahnen) zur Verfügung gestellt.

Insgesamt löst dies Investitionen von 30,3 Milliarden Franken aus (Preisstand 1995). Dies entspricht rund 4300 Fr. (5400 DM) je Kopf der Bevölkerung, Kinder und Greise eingerechnet! Darin sind die Deckung der laufenden Fehlbeträge für die Abgeltung der gemeinwirtschaftlichen Leistungen sowie für die technischen Erneuerungsprogramme der Privatbahnen nicht enthalten.

Zur Finanzierung dieses Investitionsvolumens soll der Zoll auf Benzin- und Dieseltreibstoff um 10 Rappen je Liter erhöht werden und die LKW-Halter werden über angepaßte Schwerverkehrsabgaben in die Pflicht genommen. Maximal 25 Prozent der Investitionsmittel will der Bund auf dem Kapitalmarkt beschaffen.

Damit steht die schweizerische Landesregierung vor einer der schwierigsten Abstimmungsschlachten der neueren Geschichte. Voraussichtlich 1997 wird das Schweizer Volk über diesen Vorschlag abstimmen. Dieses Mal geht's primär um die Finanzen und – anders als früher – nicht

Eine lange Geschichte mit open end:

Der Brenner-Basistunnel

An Ideen und Plänen für einen Ersatz der alten Brennerstrecke durch einen Basistunnel hat es seit dem Ende des Zweiten Weltkrieges nicht gefehlt. 65 km sollte der erste, 1953 vorgestellte Tunnel lang werden, von Innsbruck bis Schenna bei Meran führen. 53,8 km maß der Tunnel, der 1959 vorgestellt wurde und von Innsbruck nach St. Leonhard im Passeier führen sollte. In ihm sollten Züge mit 250 km/h fahren können! 1967 wurde ein italienischer Vorschlag bekannt, der einen 40,3 km langen Tunnel von Innsbruck nach Sterzing zum Kern hatte, dessen Trassierung stellenweise jedoch nur 70 km/h ermöglicht hätte. Weitere mehr oder weniger lange Tunnelprojekte wurden entwickelt, zuletzt 1987 von der Achsengruppe Brenner, die aus Vertretern von DB, ÖBB und FS bestand. Zur leichteren Bearbeitung wurde das Projekt in mehrere Machbarkeitsstudien aufgeteilt: „Nord“ beinhaltet die Zulaufstrecke München – Innsbruck, für die drei Korridore (Wetterstein-Tunnel, Karwendel-Tunnel und Zulaufstrecke durch das Inntal) geprüft werden. Die Machbarkeitsstudie „Süd“ hat demgegenüber die Zulaufstrecke Verona – Franzensfeste zu prüfen. Hier wird eine weitgehend neugebaute Strecke mit mehreren Tunnelabschnitten nötig sein. Bei Branzoll ist ein kleines Terminal für den kombinierten Verkehr vorgesehen, während in Trient ein Zollbahnhof entstehen soll. Die südliche Zulaufstrecke soll für 250 km/h Höchstgeschwindigkeit ausgebaut werden.

Ungeachtet der immer noch bestehenden Probleme – der Brennerbasistunnel soll im Jahre 2005 in Betrieb genommen werden! – haben die ÖBB eine Umfahrung des Knotens Innsbruck für den Güterverkehr gebaut und 1994 in Betrieb genommen. Im Verlauf der bei Hall von der Strecke Kufstein – Innsbruck abzweigenden Neubaustrecke, die im Silltal bei Gärberbach in die Brennerbahn mündet, ist Österreichs längster Bahntunnel entstanden. 12,72 km mißt der neue Inntaltunnel, der die Kapazitäten in Innsbruck etwas entlastet. Eine ähnliche, 10 km lange Kurve war bereits 1943/44 aus denselben Gründen gebaut worden. Sie war eingleisig und wurde mit Dampfloks befahren, was einen zweimaligen Lokwechsel bedeutete. Nach Kriegsende sind die Anlagen abgebaut worden. FP

mehr zentral um die Förderung des öffentlichen Verkehrs. Zudem werden die schweizerischen Stimmbürgerinnen und Stimmbürger diese Vorlage kritischer prüfen als 1987 („Bahn 2000“) und 1992 (AlpTransit 1“). Verschiedene Interessenvertreter werden zudem aus regionalpolitischen Gründen gegen „AlpTransit 2“ opponieren: Aus der Ostschweiz sind Widerstände wegen des Verzichts auf den Hirzeltunnel angemeldet worden, die Zentralschweiz wehrt sich gegen den Aufschub der Neubaustrecke Arth-Goldau – Erstfeld und das Tessin gegen den vorläufigen Verzicht auf die Umfahrung von Bellinzona.

Unter dem Strich ist die Ausgangslage dieses Mal wesentlich offener als 1992 vor der „AlpTransit 1“-Abstimmung. Kritisch wird die Situation im Falle einer Ablehnung von „AlpTransit 2“. Die erste Etappe von „Bahn 2000“ würde dadurch nicht gefährdet. Auch die „NEAT“-Linien würden wohl in einer noch weiter abgespeckten Version realisiert, wahrscheinlich aber ohne Ceneri-Tunnel. Die Schweiz wird ihre gegenüber Europa eingegangenen Verpflichtungen zweifellos erfüllen! Die zweite Etappe von „Bahn 2000“, der TGV-Anschluß und die Lärmschutzmaßnahmen wären jedoch gefährdet.

Ungewisses Schicksal der alten Bergstrecken

Viele Verkehrsfachleute befürchten, daß nach der Inbetriebnahme der Basistunnels die alten Bergstrecken über den Gotthard und den Lötschberg aufgegeben werden. Um die Stimmung in der Öffentlichkeit nicht zusätzlich anzuheizen, wurden solche Spekulationen bisher nur hinter vorgehaltener Hand herumgeboten.

An einer internationalen Fachtagung hat nun aber Peter Testoni, Vizedirektor des Berner Bundesamtes für Verkehr und damit einer der wichtigsten Meinungsführer der schweizerischen Verkehrspolitik, diese Befürchtung erstmals bestätigt: Die Bergstrecken am Gotthard und Lötschberg bleiben gemäß Testoni nach der Eröffnung der Basistunnels wohl noch als Ausweichstrecken in Betrieb, um den Verkehr notfalls über den Berg umleiten zu können. Es sei aber ungewiß, ob der fahrplanmäßige Verkehr auf den Bergstrecken nach Eröffnung der Neubaustrecken aufrecht erhalten bleibe. Das Problem würde derzeit „vertieft studiert“.

Die Einstellung des fahrplanmäßigen Bahnverkehrs am Gotthard und Lötschberg wird diese berühmten Bahnlinien mit ihren grandiosen Kehrtunnels, kühnen Viadukten und Rampen mit einem Schlag entwerten. Die Furka-Oberalp-Bahn, die erst vor 15 Jahren durch den Bau des teuren Furka-Basistunnels aufgewertet worden ist, würde ihrer wichtigsten Zubringerstrecke (Anschluß Schöllenenbahn / Gotthardbahn in Göschenen) beraubt. Da ist es nur ein kleiner Trost, daß wegen des Verzichts auf den Hirzeltunnel wenigstens die landschaftlich reizvolle Strecke Pfäffikon SZ – Arth-Goldau der privaten Südostbahn erhalten bleiben dürfte ...

Aus heutiger Sicht primär gefährdet ist die Gotthard-Bergstrecke zwischen Erstfeld und Biasca, da ein wenig leistungsfähiger einspuriger Lötschberg-Basistunnel die alte Lötschberg-Bergstrecke nicht ernsthaft gefährden kann. Es ist denkbar, daß der Gotthard-Basistunnel um das Jahr 2006 eröffnet wird. Man muß sich heute ernsthaft fragen, ob die Gotthard-Bergstrecke, eine der großartigsten und berühmtesten Eisenbahnstrecken der Welt, das Jahr 2010 noch als Eisenbahn-Hauptstrecke erleben wird. Oder werden dann – man wagt kaum die Vorzustellung – nur noch Museumszüge zwischen den gelegentlich verkehrenden Umleitungs-Zügen durch die Wassener Kehrschleifen fahren? BERNHARD STUDER

Tunnelarbeit im letzten Jahrhundert (oben) und heute (unten)

Das Tavetscher Zwischenmassiv besteht aus druckempfindlichen Schiefergneisen und Phyliten – moderne Bohrmaschinen haben in diesem gestein Schwierigkeiten. Von Sedrun im Kanton Graubbünden führt ein 990m langer Zugangsstollen zum 796 m tiefen Schacht. Auf einer Höhe von 546 Meter ü. M. wird ein Zwischenangriff auf den 57 km langen Gotthard-Basistunnel vorangetrieben.

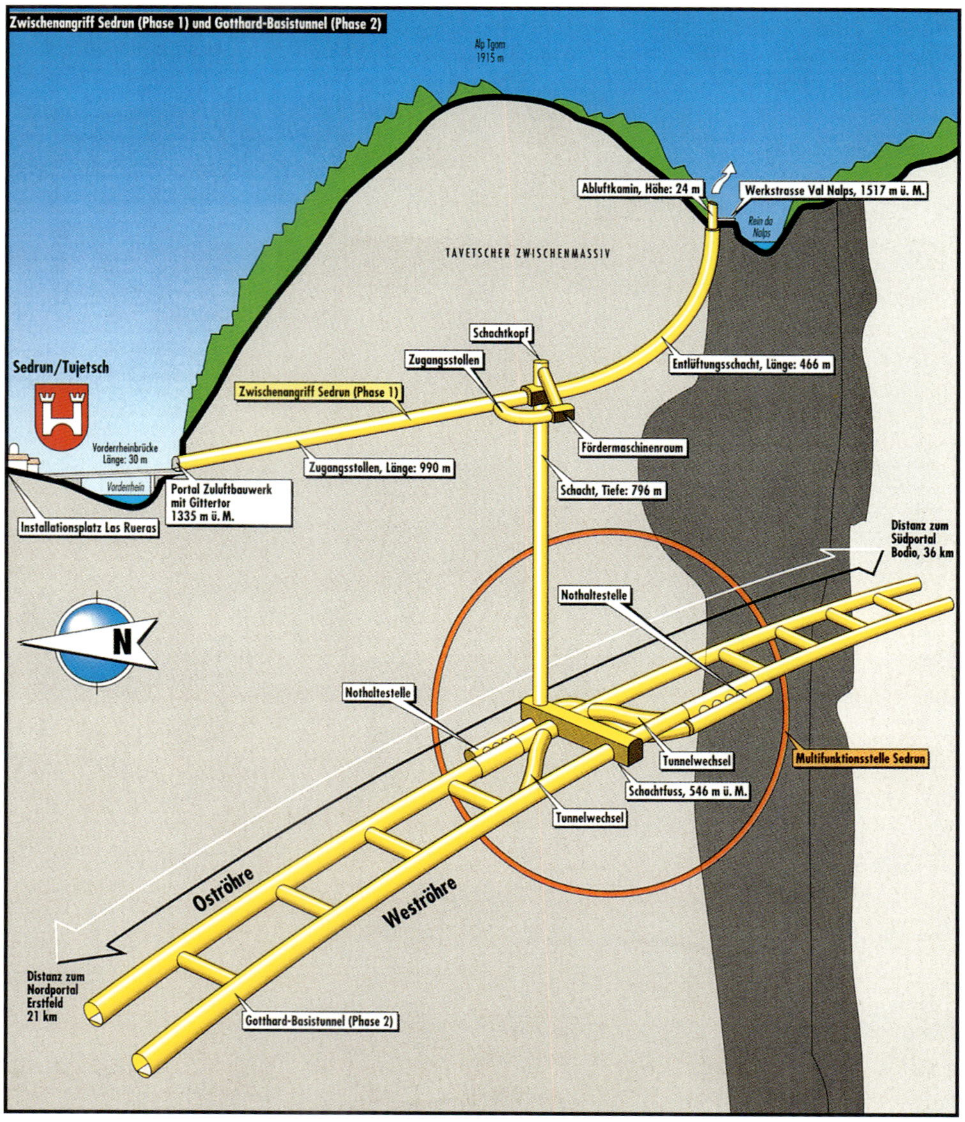

Neue und alte neue Züge nach der Jahrtausendwende

Kleine Innovationen bei den SBB: Inbetriebnahme des Intercity-Neigezuges (ICN), Umlackierung der Eurofima-Wagen in das Eurocity-Farbschema (sie wurden inzwischen erneut umgespritzt und präsentieren sich in den Farben des ICN...) – umso grössere Innovationsschübe bei den Privatbahnen. Einmal mehr hatte die Mittelthurgau-Bahn ihre Nase ganz vorne und kaufte sechs nigelnagelneue deutsche Hochleistungslokomotiven der Baureihe 145 – jetzt Re 486. Und die Rhätische Bahn (RhB) setzte ihren neuen „Bernina Express" mit einem grossen Presserummel in Betrieb.

Von Ralph Bernet

Im Jahre 1997 begann in Deutschland die Auslieferung der 80 bestellten, vierachsigen Mehrzweck-Lokomotiven der Baureihe 145. Diese Maschine, nicht zu verwechseln mit der BR 101, ist seither vorwiegend für „DB Cargo“ unterwegs, und übernimmt die Aufgaben der Baureihen 140 und 141.

Neue BR 145 für die MThB

Die ostschweizerische Mittelthurgau-Bahn (MThB) und die Südostbahn (SOB) haben allen Grund zum Triumph, besitzen sie doch seit kurzem sechs der modernsten Lok Europas, die von der Lokoop AG, an der beide Unternehmen beteiligt sind, bestellt wurden. Die deutschen Maschinen der Baureihe 145 heissen in der Schweiz Re 486 651–656 und kommen wie in Deutschland vorwiegend vor Güterzügen zum Einsatz.

Bilder: Bruno Hitz (grosses Bild), Erik Schneider (kleines Bild)

Oben: Re 416 628 mit Postzug bei Bürglen. Links: Der aus Revivo-Wagen neu gestaltete Voralpen-Express bei Sattel.

Ungewöhnlich war auch der Zeitplan der Lokomotiv-Beschaffung. Normalerweise vergehen zwischen dem Beschluss des Verwaltungsrates und der Lieferung durch die Industrie Jahre. Dass die Uhren in der Bahnlandschaft der Ostschweiz etwas anders gehen, hat MThB-Direktor Peter Joss schon vor Jahren bewiesen. Und so gelang es ihm auch diesmal, Unmögliches möglich zu machen. Die erste, Anfang Dezember bestellte Maschine konnte bereits am 22. Februar in Weinfelden übergeben werden. Lokomotiven kauft man normalerweise nicht von der Stange, die Lokoop AG konnte aber von der Grossserienfertigung für die DB AG profitieren, die seit einigen Jahren bei diesem Loktyp läuft. Die Maschine zeichnet sich durch hohe Verfügbarkeit aus und hat alle Kinderkrankheiten bereits ausgestanden. Aus diesem Grund ist sie genau das richtige Arbeitspferd, um im hart umkämpften Wettbewerb die neu akquirierten Cargo-Aufträge auch zuverlässig auszuführen. Für den Einsatz in der Schweiz erhielt die Re 486 eine Reihe von Anpassungen:

- an jeder Stirnwand ein drittes, rotes Spitzenlicht,
- einen ESaD-Stromabnehmer mit Schweizer Wippe,
- die Schweizer Zugsicherung Integra sowie die in der Schweiz übliche Registrierungs- und Geschwindigkeitsmessanlage Tel 100,
- das ZUB 121 Zugbeeinflussungssystem
- die für die MThB im schweizerisch-deutschen Grenzverkehr übliche Überwachungseinrichtung für die Umschaltung der automatischen Zugsicherung.

Als wohl einziger Triebfahrzeugtyp der Schweiz verfügen die sechs Re 486 über das deutsche Linienzugbeeinflussungs-System (LZB), das die DB AG auf ihren Hochgeschwindigkeitsstrecken benutzt. Die Re 486 ist somit in der Lage, auf sämtlichen Normalspurgleisen Deutschlands, Österreichs und der Schweiz zu verkehren.

Lokoop-Neuerwerbung Re 486 654 auf Instruktionsfahrt bei Samstagern (SOB).

MThB zum Zweiten

Mit einem Schnäppchenkauf – man erinnere sich – hat die Mittelthurgau-Bahn, sehr zum Ärger der Schweizerischen Bundesbahnen, vier alte Re 4/4 I-Lokomotiven gekauft, die eigentlich für Museumszwecke an die Classic Rail abgeschoben worden waren. In der ersten Hälfte des Jahres 2000 hat die MThB nun die vierte Maschine dieses Typs, sie heisst neu Re 416 628, revidiert und in Betrieb genommen. Im Gegensatz zu den drei anderen ex Re 4/4 I stammt diese Lok aus der zweiten Serie und besitzt weder eine Stirnwandtür noch eine Vielfachsteuerung. Sie kommt nun mit neuem Anstrich und der Aufschrift „mittelthurgaubahn“ vorwiegend zwischen Zürich und St. Gallen vor den gelben Postpaketzügen zum Einsatz

Technische Daten Re 486

Achsfolge	Bo'Bo'
Länge über Puffer	19.900 mm
Dienstgewicht	84 t
Antrieb	Tatzrollenlager
Stundenleistung	4.200 kW
Anfahrzugkraft	300 kN
Höchstgeschwindigkeit	140 km/h

Stilreiner Voralpen-Express

Die Bahnverbindung vom Bodensee zum Vierwaldstättersee wird noch attraktiver. Seit Fahrplanwechsel 2000 verkehrt ein stilreiner Voralpen-Express mit Steuerwagen und roter SOB-Werbelok Re 446 445. Sie ist auf der Front und auf den Seiten mit dem entsprechenden Logo geschmückt. Weitere zwei Steuerwagen des Typs BDt entstanden bei der Firma Stadler Fahrzeuge AG in Altenrhein aus den ehemaligen Bistrowagen der Boden-

Bild: Erik Schneider

see–Toggenburg-Bahn (BT). Die neuen „Revivo“-Zugkompositionen lösen die EW-IV ab, welche ein knappes Jahrzehnt lang den Voralpen-Express bildeten.

Totgesagte leben länger

Staunen unter den Eisenbahnfans: Die schweren Ae 8/8 der BLS Lötschbergbahn AG, seit 1996 mit ungewissem Schicksal auf dem Abstellgleis, leisten seit ca. Mitte 2000 wieder Güterzugdienste. Zuerst wurde die Lok 275 reaktiviert, gefolgt etwas später von der Einheit 273. Außer vor Aushubzügen auf der Lötschberg-Südrampe fanden beide Ae 8/8 zudem abwechslungsweise im letzten Herbst Verwendung vor Zuckerrübenzügen. Die beiden „Munis“ 271 und 272 verbrannten im Mai 1998 in Spiez, während die Lok 274 bereits zwei Jahre früher abgebrochen worden war.

Neue TPC-Doppeltriebwagen

Vor rund zwei Jahren bestellte die TPC bei den Lieferfirmen Bombardier/Villeneuve sowie Stadler/Bussnang fünf Doppeltriebwagen des Typs Beh 4/8. Drei dieser Fahrzeuge sind für die Strecke Bex–Villars-Bretaye bestimmt. Knapp zwei Wochen vor Weihnachten wurde der erste neue Doppeltriebwagen Nr. 91 ausgeliefert. Erwähnenswert ist, dass der 1999 verunglückte „Flèche“ BDeh 2/4 Nr. 21 bei seiner Ablieferung 1939 ebenfalls die Nummer 91 trug.

Ein Zug für Gefangene

Jedes Jahr transportieren die Bundesbahnen, von den Reisenden kaum beachtet, rund 20.000 Gefangene. Sie werden von der Polizei in die dafür vorgesehenen Zellen der Gepäckwagen eingeschlossen und am Bestimmungsort wieder in Empfang genommen. Dies verstösst möglicherweise gegen die Menschenrechte, denn der unbegleitete Gefangene könnte sich bei einem Brand des Zuges nicht selber befreien. Weil der Gepäcktransport von den SBB ohnehin drastisch abgebaut wird und damit nicht mehr so viele

Oben: Ae 8/8 Nr. 275 vor Aushubzug bei Brig.
Mitte: Der erste der neuen TPC-Triebwagen.
Unten: Bernina ABe 4/4 Nr. 30 wieder gelb.

Bilder: René Kaufmann (oben), Sandro Sigrist (Mitte), Tibert Keller (unten)

Gepäckwagen zum Einsatz kommen, haben die SBB mit den Securitas einen fünfjährigen Vertrag abgeschlossen. Zwei speziell dafür hergerichtete Steuerwagen mit 18 Zellen und je einer Lok verkehren seit Januar 2001 täglich zwischen Genf, Bern, Zürich und Basel. Die Gefangenen werden von zwei Securitas-Bewachern begleitet und an den gewünschten Bahnhöfen übergeben bzw. entgegengenommen. Solche Gefangenentransporte kannte man bisher nur aus der früheren DDR.

Das Einkaufscenter kommt in den Zug

Keine schlechte Idee: Statt nach der Ankunft des Zuges kurz vor Ladenschluss schnell ins Einkaufszentrum zu hasten, können Bahnbenützer jetzt die Zeit im Zug nutzen und ihre Einkäufe im Coop-Railshop erledigen. Von Frischprodukten für den Heimkehrbedarf über Zeitschriften bis zu Geschenkartikeln ist in den beiden Einkaufswagen erstaunlich viel im Angebot. Die zwei „Railshops" entstanden aus den ehemaligen McDonalds-Speisewagen und stehen bis zum Ende der Expo.02 auf den Schienen.

Zwei Stadtbahnen für Pendler

Bereits 2004 soll in Zug eine Stadtbahn eröffnet werden, welche für die Schweiz ein Novum darstellt. Eine Stadtbahn verkehrt je nach Strecke und Ziel als Tram oder als Zug auf der normalen Bahnstrecke. Solche Stadtbahnen kennt man aus Deutschland, z.B. Karlsruhe, wo das Tram ganz selbstverständlich auch in den DB-Bahnhof einfährt. Eine erste Etappe soll von Baar nach Cham führen.

BILD: RONALD GOHL

Züge im Viertelstundentakt bedienen zahlreiche Haltestellen, ein Zug pro Stunde und Richtung wird jeweils bis Luzern sowie ins Freiamt verkehren und damit die heutigen Regionalzüge ersetzen. Über 170 Prozent zusätzliche Arbeitsplätze sollen mit der neuen Stadtbahn erschlossen werden. Bereits Anfang 2003 soll der Grundstein für das neue Zuger Verkehrsmittel gelegt werden.

Ein vergleichbares Projekt soll im Grossraum Zürich entstehen und bis zu 140.000 tägliche Pendler aufnehmen. Die 12,6 km lange Meterspurstrecke verspricht eine leistungsfähige Verbindung zwischen den S-Bahnhöfen und den grössten Zentren im Glattal. Die Region an der Peripherie des Flughafens verzeichnet ein enormes Wachstum und gilt schon heute als einer der bedeutendsten Wirtschaftsräume der Schweiz. Die Bahn wird zu 97 Prozent auf einer eigenen Strecke fahren, um schnell voranzukommen. Obwohl die Zürcher noch über die Realisierung abstimmen müssen, rechnen die Projektleiter bereits damit, die erste Etappe zum Fahrplanwechsel 2005 in Betrieb nehmen zu können.

Der neue, klimatisierte Nahverkehrszug im Seetal

Die SBB haben entschieden und bestellen für die Seetallinie in der Zentralschweiz 17 achtachsige Gelenktriebzüge für 101 Millionen Franken. Weitere 22 Millionen werden in die Infrastruktur zwischen Luzern und Lenzburg investiert. Insgesamt werden rund 2 km Gleis ausgebaut, dabei entfernen die SBB 28 Weichen. Ausserdem erhalten alle Haltestellen im Seetal ein 35 cm hohes Perron, so dass die Reisenden ebenerdig in die neuen Nahverkehrszüge eintreten können. Die Seetallinie hat wegen vieler Unfälle mit Strassenverkehrsteilnehmern eine traurige Berühmtheit erlangt. Damit soll jetzt Schluss sein: 360 Bahnübergänge werden durch die Kantone saniert. Wegen der engen Raumverhältnisse zwischen Strasse und Schiene werden

Die neuen Wagen des „Bernina Express" fahren aus der Lawinengalerie beim Lej Pitschen unterhalb der Bernina-Passhöhe.

Aus dem McDonalds-Wagen wurde der Coop Railshop – eine gute Idee: den Einkauf im Zug erledigen und dadurch etwas Zeit gewinnen.

die neuen Züge schmaler als andere Fahrzeuge gebaut (2,65 statt 3,00 m). Die ersten Gelenktriebwagen vom Typ Stadler GTW 2/8 sollen bereits in wenigen Jahren zum Einsatz kommen. Die Perronhöhe wirft allerdings noch Fragen auf: Haben doch die SBB im ganzen Land die Perronhöhe auf 55 cm festgelegt, während im Seetal eine Bahnsteigkante von 35 cm gelten soll.

Technische Daten GTW 2/8

Länge über Puffer	52.900 mm
Dienstgewicht	84,2 t
Stundenleistung	760 kW
Anfahrzugkraft	77 kN
Höchstgeschwindigkeit	115 km/h
Sitzplätze	158

Neuer „Bernina Express"

Genau ein halbes Jahr nach der Eröffnung des Vereinatunnels wartete die Rhätische Bahn (RhB) am 19. Mai 2000 mit einer weiteren Neuheit auf. Die Inbetriebnahme des neuen Panoramazuges „Bernina Express“ erfolgte mit einer grossen Presse-Inszenierung. Von den zehn neuen Wagen mit den markanten, bis unter das Dach gezogenen Fenstern laufen sieben im „Bernina Express“ und drei im „Heidi Express“. Bereits vor dem Saisonstart konnte die RhB für ihren neuen Paradezug über 40.000 Reservierungen verzeichnen. Jährlich wird mit rund 200.000 Fahrgästen gerechnet.

Die ersten direkten Züge zwischen Chur und Tirano verkehrten bereits 1973, damals noch ohne besondere Fahrzeuge. Erst 1983, nach aktiver Verkaufstätigkeit und grosser Nachfrage, verpasste die Rhätische Bahn dem „Bernina Express“ ein neues Outfit. Die rot-schwarzenWagen des Typs EW III zogen eine immer zahlreicher werdende Gästeschar an, so dass bereits 1993 ein neuer Zug mit Wagen des Typs EW IV angeschafft wurde. Und dieser wurde nun wiederum durch einen neuen klimatisierten „Bernina Express“ mit grossen Panoramafenstern abgelöst. Die Wagen sind 16.450 mm lang und 2.650 mm breit. Bei einem Leergewicht von über 19 t finden in den drei Wagen der Ersten Klasse je 34 Fahrgäste Platz, die sieben Wagen der Zweiten Klasse bieten je 46 Sitzplätze. Die Meterspur-Fahrzeuge, bei Stadler Altenrhein AG gebaut, setzen einmal mehr ganz neue Massstäbe im Bereich Bahntourismus. Wegen der engen Kurvenradien auf der Bernina sind die Wagen kürzer als jene des „Glacier Express“, sie verfügen natürlich über kein Zahnrad, können aber sowohl wie ihre Vorgänger auf dem Wechselstromnetz (Chur–Pontresina) wie auch auf dem Gleichstromnetz (Pontresina–Tirano) verkehren.

„Bernina-Krokodil" wieder in der Heimat

Ein weiteres Highlight in der „schönsten Ferienecke der Schweiz“, wie sich der kantonale Tourismusverband gerne selber bezeichnet, war die Überführung des „Bernina-Krokodils“ alias Ge 4/4 Nr. 182. Das heute historisch wertvolle Fahrzeug wurde 1984 an die französische Meterspurbahn Chemin de fer St.Georges-de-Commiers verkauft. Dort gab es jedoch technische Probleme mit der Fahrleitungsspannung, so dass das „Krokodil“, ein Unikat, stillgelegt wurde. Erst dem 1999 gegründeten Verein „Associazione 182“ gelang nach 15-jähriger Abstellzeit die Rückführung in die Heimat. Die Rückkehr wurde natürlich gebührend mit einer zweitägigen Erlebnisreise von Landquart über St. Moritz nach Poschiavo gefeiert. Über den Albula zogen das „Bernina-Krokodil“, die beiden historischen Halbschwestern Ge 4/6 Nr. 353 „Oerlikoner“ und Ge 4/4 Nr. 415 „Krokodil“. Am 20. Mai ging es dann weiter über den Berninapass; auf dieser Etappe durfte die alte Lok sogar den Zug führen – vorläufig noch ohne Antriebskraft. Für die Traktion waren die Triebwagenzwillinge ABe 4/4 Nr. 31 und 32 verantwortlich. Die Aufarbeitung kostet viel Geld. Weitere Infos sind erhältlich im Internet unter www.club1889.ch oder bei Club 1889, Postfach 284, CH-7503 Samedan.

Bild: Erik Schneider

Gleichzeitig mit dem „Bernina-Krokodil“ kehrte übrigens auch die Dampflok „Heidi“ G 3/4 Nr. 11 vom Berner Oberland nach Filisur zurück. Auch die von den Modelleisenbahnfreunden Eiger verkaufte Lok soll wieder aufgearbeitet werden.

Neue Züge für die BOB

Auch bei den Berner Oberland-Bahnen (BOB) soll sich in nächster Zeit einiges tun. Bei der Stadler Fahrzeuge AG ist eine dreiteilige Gelenkzugeinheit in Auftrag gegeben worden. Zwei Wagen stützen sich bei dieser Neukonstruktion jeweils auf ein Drehgestell ab. Die dreiteilige Zugeinheit verfügt über eine Führerkabine, 136 Sitzplätze und sechs breite Aussentüren. Um im Halbstundentakt fahren zu können, müssen insgesamt fünf Pendelzüge eingesetzt werden.

Runter vom Sockel

Denkmäler reisst man nicht nur vom Sockel, um ungeliebte Erinnerungen auszuradieren – sondern auch, um dem Museumsstück wieder neues Leben einzuhauchen. So jedenfalls kommt es immer wieder bei Lokomotiven vor. Jüngstes Beispiel: die Brünig-Dampflok HG 3/3 Nr. 1068, Schwestermaschine der von der Ballenberg-Dampfbahn betriebenen Nr. 1067. Im September 1965 ausrangiert, erinnerte sie 34 Jahre lang an die Dampfzeit am Brünig. Als stolzer Besitzer einer grossen Remise und Werkstatt entschloss sich die BDB kurzerhand, das Denkmal zu erwerben, vom Sockel zu holen und wieder in Betrieb zu setzen.

Rechts: Das „Bernina-Krokodil“ führt den Zug in Richtung Poschiavo an, dahinter fahren die beiden Elektro-Veteranen.
Unten: Auf dem Engadiner Stammnetz kurz vor Celerina – „Dreifachtraktion“ mit Ge 4/6 Nr. 353, Ge 4/4 Nr. 415 und Ge 4/4 Nr. 182.

BILDER: ARMIN SCHMUTZ (OBEN), TIBERT KELLER (UNTEN)

Engadin Star

Eine Rundreise durch Graubünden

Züge mit klingenden Namen und speziellem Rollmaterial sind schon immer ein Markenzeichen der meterspurigen Rhätischen Bahn gewesen. Und das neueste Produkt ist der „Engadin Star", der seine Entstehung der Eröffnung des längsten Schmalspurtunnels der Welt, des Vereina-Tunnels zwischen dem Prättigau und Engadin, verdankt. Der Zug, der zu einer Rundreise durch Graubünden einlädt, verkehrt nur im Sommer.

Grosses Bild: „Engadin Star" mit drei „alten" Bernina Express-Wagen und Lokomotive Ge 4/4 Nr. 604 bei Agnas im Oberengadin. Kleines Bild: Fast schon Nostalgie – die Perronbeschilderung in St. Moritz.

Von Hans Bernhard Schönborn

Bereits die Landquart–Davos-Bahn (LD) verdankte ihre Entstehung dem Tourismus: Denn der weltoffene Niederländer Willem Jan Holsboer errichtete 1873 in Davos das erste Kurhaus und trieb anschliessend erfolgreich die Pläne voran, den aufstrebenden Kurort durch eine Schmalspurbahn zu erschliessen. Selbstverständlich diente die LD auch der Erschliessung des Prättigau und der Landschaft Davos. Die Rhätische Bahn (RhB), die 1894 durch Namensänderung aus der LD entstand, verfolgte weiterhin beide Ziele: einerseits die verkehrstechnische Erschliessung der Talschaften im Kanton Graubünden, andererseits die Ausrichtung an den Bedürfnissen des Tourismus, der immer mehr an Bedeutung gewann.

Engadin Express...

Und für die noble Kundschaft benötigte die RhB auch das entsprechende Rollmaterial: Seit 1895 gab es den „Engadin Express" von (London–) Calais nach Chur mit RhB-Anschluss bis St. Moritz, und nach dem Ersten Weltkrieg setzte die RhB die speziell für diesen Zug gebauten A4ü Nr. 51–53 ein. Ende der zwanziger Jahre kamen insgesamt fünf MITROPA-Speisewagen zum Einsatz, und in den dreissiger Jahren übernahm die RhB vier luxuriöse Salonwagen des „Golden-Mountain-Pullman-Express" der Montreux–Oberland-Bernois-Bahn (MOB).

Bilder: Ronald Gohl (2)

Das Besondere: Im Prättigau werden zwei Züge der Rhätischen Bahn zusammengekoppelt – der hintere fährt als „Engadin Star" durch den Vereinatunnel nach St. Moritz.

...und andere Express-Züge

1930 begann der „langsamste Schnellzug der Welt", der Glacier Express, der von RhB, Furka–Oberalp-Bahn (FO) und Brig–Visp–Zermatt-Bahn (BVZ) gemeinsam betrieben wurde, seinen touristischen Siegeszug, zumal er stets mit dem neuesten und komfortabelsten Rollmaterial ausgestattet war. Nur ein kurzes „Gastspiel" gab der „Fliegende Rätier": Dieser mit den Triebwagen ABe 4/4 Nr. 501–504 bespannte Leichtschnellzug existierte von 1940 bis 1946, denn wegen der zu geringen Leistungsfähigkeit der Triebwagen konnte er das nach dem Zweiten Weltkrieg wieder steigende Fahrgastaufkommen nicht (mehr) bewältigen. Zu Beginn der fünfziger Jahre tauchte wieder der „Calais–Engadin-Express" auf, diesmal mit den vier Salonwagen. 1973 nahm der „Bernina Express" von Chur über Samedan und Pontresina nach Tirano seinen Betrieb auf, der sich zum zweiten Publikumsmagneten entwickelte. Als Variante folgte der „Heidi Express" von Landquart über Davos nach Tirano. Nur von kurzer Lebensdauer waren der „Rhein–Rhône-Express" (als Verstärkung des „Glacier Express") und der „Engadin Express" mit Anschluss ins Ausland. Nachdem das Stromsystem auf der Linie Chur–Arosa in den neunziger Jahren umgestellt worden war, erhielt auch Arosa „seinen" Express mit speziellem Rollmaterial.

Eine runde Sache

Als am 19. November 1999 die Vereina-Linie Klosters–Lavin mit dem längsten Schmalspurtunnel der Welt eröffnet wurde, bot sich der RhB die Gelegenheit, ihr Image weiterzuentwickeln und nicht mehr so sehr als „Staatsbahn Graubündens", sondern als „Erlebnisbahn" aufzutreten. Schliesslich wollte man auch den „hintersten Winkel der Ferienecke Graubünden", nämlich das Münstertal und den dortigen Nationalpark, vermehrt in das Bewusstsein der Kundschaft rücken. Deshalb führte die RhB unter dem Motto „Eine runde Sache" den „Engadin Star" ein, den ersten Bündner Expresszug, mit dem man eine Rundreise durch den Ferienkanton machen kann. Bewusst wurde bei diesem Zug, der nur im Sommer ver-

Bilder: René Kaufmann (oben), Ralph Bernet (Mitte)

Wagen Nr. 33, der klimatisierte B 2497 – er verkehrte früher im „Bernina Express", der in diesem Jahr neue Panoramawagen erhalten hat.

kehrt, auf den Begriff „Express" verzichtet, damit sich eine klare Abgrenzung zu den klassischen Expresszügen ergab und weil der Begriff „Express" in letzter Zeit eher entwertet worden war. Gibt es doch zum Beispiel den „RegioExpress", der eigentlich ein Eilzug oder ein beschleunigter „Bummler" ist.

Rundreise im „Engadin Star"

Die Fahrt mit dem „Engadin Star" beginnt um 09.45 Uhr in Landquart und führt durch das Prättigau nach Klosters Dorf. Anschliessend wird der 2,2 km lange Zugwaldtunnel und nach dem Autoverladebahnhof Klosters-Selfranga der 19,1 km lange Vereina-Tunnel befahren. Dort benutzt der „Engadin Star" als einziges planmässiges Personenzug-Paar den 336 m langen Tunnel Sasslatsch II, der innerhalb des Vereina-Tunnels, und zwar im bereits zweigleisigen Ausfahrtbereich in Richtung Saglians–Lavin, abzweigt und direkt in die Engadiner Linie nach Susch–Zernez mündet. Nach zweistündiger Fahrzeit erreicht der Zug St. Moritz. Um 16.00 Uhr kann man dort den anderen „Engadin Star" besteigen, der über das Val Bever, den Albula-Tunnel, die wildromantische Albula-Strecke mit den zahlreichen Serpentinen und Kehrtunneln, das Domleschg nach Chur fährt, wo man rund zwei Stunden später eintrifft. Die Rundfahrt ist auch in umgekehrter Richtung möglich: 08.55 Uhr Abfahrt in Chur, 09.55 Uhr Ankunft, 15.55 Uhr Abfahrt in St. Moritz, 18.03 Uhr Ankunft in Landquart. Wenn man seinen Aufenthalt nicht in St. Moritz verbringen will, laden Zernez, der Ofenpass mit dem Kloster Müstair oder der Nationalpark zum Verweilen ein.

Der besondere Leckerbissen

Zwischen Chur und St. Moritz wird der „Engadin Star" mit der Komposition eines „normalen" Albula-Schnellzuges geführt, also meist mit einer Ge 4/4 III, einem Gepäck- und zwei Wagen 1. Klasse sowie drei Wagen 2. Klasse (plus allfälligen Verstärkungswagen). Von Landquart bis Klosters besteht der Leckerbissen für Eisenbahn-Fans und Fotografen darin, dass mindestens noch vom 20. Mai bis 9. Juni 2001 der „Engadin Star" (als zweiter Zug) in Doppeltraktion mit dem Davoser Schnellzug Nr. 31 verkehrt. Hier kommen „Bernina Express"-Wagen zum Einsatz. Die Reise zum und mit dem „Engadin Star" lohnt sich also, auch wenn es sich noch nicht herumgesprochen hat. ●

Tunnelitis

Der Lötschberg-Scheiteltunnel im Vergleich zum Lötschberg-Basistunnel

Wenn Anfang 2007 der Lötschberg-Basistunnel in Betrieb gehen wird, werden zwischen dieser Einweihung und dem Baubeginn des Scheiteltunnels 1906 fast genau 100 Jahre vergangen sein. Ein kleiner Vergleich zwischen dem Scheitel- und dem Basistunnel soll aufzeigen, was gleich geblieben ist und was sich verändert hat.

Von Markus Seeger

Vorgeschichte

Scheiteltunnel: Der Kanton Bern war seit jeher für den Ost–West-Verkehr gut gelegen. Der aufkommende Nord–Süd-Verkehr führte jedoch durch den Gotthard und nach dem Bau des Simplontunnels durch das Rhonetal am Hoheitsgebiet von Bern vorbei. Diese Umstände förderten bei den Bernern den Wunsch nach einer bernischen Alpenbahn, welcher sich nach zahlreichen Widrigkeiten schliesslich erfüllte.

Re 465 007 auf dem Luogelkinnviadukt mit Ausbruchmaterial vom Fensterstollen Steg.

Basistunnel: Neben dem Anschluss an die Hochleistungsschienennetze soll der alpenquerende Transitgüterverkehr weg von der Strasse auf die Schiene gebracht werden. Zudem soll der neue Tunnel eine gute Verbindung ins Mittelwallis herstellen. Unter dem Begriff „Netzvariante“ wurde nach langem hin und her eine Lösung gutgeheissen, welche sowohl einen 57 km langen Gotthardbasistunnel wie auch einen teilweise aber nur einspurig ausgerüsteten Lötschberg-Basistunnel vorsieht.

Projekte und Infrastruktur

Scheiteltunnel: Aus den Plänen von Alt-Regierungsrat Willhelm Teuscher, des geistigen Vaters der Lötschberglinie, wurde schliesslich das definitive Projekt erstellt, das eine Linie mit max. 27 Promille Steigung und einem Scheiteltunnel von Kandersteg nach Goppenstein mit einer Länge von 13.735 m vorsah. Mangels Interesse der anderen betroffenen Kantone und der Schweizerischen Bundesbahnen blieb die Finanzierung den Bernern überlassen, welche schliesslich in Frankreich Geldgeber fanden.

Einst

Bau des Lötschberg-Scheiteltunnels 1906–1913: Drei Arbeiter mit vertikal verspannter Bohrsäule im Tunnel.

Jetzt

Bau des Lötschberg-Basistunnels 2000: Eindrucksvoller Bohrjumbo im Stollenvortrieb.

Bilder: Markus Seebger (oben), BLS (links unten), BLS Alptransit (rechts unten)

Zahlen und Fakten

Was	Scheiteltunnel	Basistunnel
Bauzeit	1906–1913	1999–2007 *
Länge	14.612 m	34.600 m
Kulminationspunkt	828,24 m	1.242,80 m
Ausführung	Doppelspurtunnel	Zwei Einspurröhren
Gesamtkosten	50.289.300,00 CHF	3.220.000.000,00 CHF
Kosten pro Meter	3.440,00 CHF/m	93.060,00 CHF/m
Maximaler Personalbestand	3.250	ca 1.500
Maximaler Vortrieb Sprengtechnik	7,3 m / Tag (Sohlstollen)	ca. 12 m / Tag (Normalprofil)
Maximaler Vortrieb mit TBM	–	ca. 40 m / Tag (Normalprofil)

* Start Sondierstollen Kandertal 1994, Start Fensterstollen Ferden 1998

24 Arbeiter beim Bau des Lötschberg-Scheiteltunnels: Selbst Halbwüchsige (rechts aussen) waren damals im Einsatz.

Vor dem Nordportal in Kandersteg entstanden Werkstätten, Maschinen- und Lagerhallen sowie eine elektrische Zentrale und ein Ventilationsgebäude. Im weiteren wurden ein Bäderhaus, Trocknungsräume, Unterkünfte, Büros und sogar ein Krankenhaus erstellt. Die Ausrüstung in Goppenstein umfasste dieselben Anlagen wie vor dem Nordportal, nur war alles wegen des knappen Platzes bedeutend kleiner. Die Abgeschiedenheit machte aber Bäckereien und Metzgereien sowie Lebensmitteldepots und Unterkünfte für die ganze Mannschaft, zum Teil inklusive Familien, notwendig.

Basistunnel: Unter den zahlreichen Grobvarianten wurden einige Linienführungen verfeinert geplant. Während ursprünglich zwei einspurige Tunnelröhren von Frutigen nach Steg sowie eine doppelspurige Röhre als Fortsetzung nach Mundbach geplant waren, wurde ein etappierter Ausbau von Frutigen nach Raron Ost resp. Steg vorgesehen. Alle anderen Teilabschnitte ausserhalb des Basistunnels wurden zurückgestellt. Aufgrund der Redimensionierung der NEAT wird nun zwischen Frutigen und dem Fusspunkt Mitholz nur eine Röhre erstellt. Zwischen Mitholz und dem Fusspunkt Ferden werden zwei Röhren gebaut, wobei nur eine bahntechnisch ausgerüstet wird. Von Ferden aus führen zwei einspurig ausgerüstete Röhren nach Raron. Der Fensterstollen Steg wird ebenfalls im Bahnprofil ausgebrochen, aber im Rohbau belassen.

Im Gegensatz zum Bau des Scheiteltunnels ist die Lebensmittel- wie auch die medizinische Versorgung durch die normale Infrastruktur in der Umgebung sichergestellt. Gleichgeblieben ist hingegen, dass Unterkünfte mit Kantinen benötigt werden. In Mitholz und Raron bestehen zusätzlich Anlagen für die Bewirtschaftung des Ausbruchmaterials.

Tunnelbau

Scheiteltunnel: Die Tunnelportale wurden mittels eines Dreieckskoordinatennetzes über Fixpunkte zueinander in Beziehung gebracht. Die oberirdische Absteckung erfolgte über den Berg, wobei die Fixsignale mit den Theodoliten angepeilt werden konnten. Für die innere Absteckung wurde alle 100 m ein Richtungspflock gesetzt und alle 600 m wurde eine Hauptabsteckung durchgeführt. Nach der Katastrophe unter dem Gasterntal wurde zur Vermessung ein Sehnenpolygon angewendet. Trotz der drei notwendig gewordenen Kurven war die Abweichung beim Durchschlag gering und betrug seitlich 25,7 cm, in der Höhe 10,2 und in der Länge -41 cm.

Der Vortrieb erfolgte ab November 1906 nach der so genannten englisch-österreichischen Methode, wobei zuerst ein Sohlstollen, welcher auch als Richtstollen diente, erstellt wurde. Je nach Festigkeit des Gesteins wurde ein Firstschlitz resp. ein Firststollen erstellt. Anschliessend erfolgte der Ausbau des Gewölbes und schliesslich noch der Ab-

Bild: BLS/Ing. Casparis

bau der seitlichen Strossen. Gebohrt wurde zuerst manuell und dann mit druckluftgetriebenen schienengebundenen Bohrmaschinen. Die Abluft der Bohrmaschinen diente anfangs auch zur Belüftung der Arbeitsstellen. Später erstellte man ein separates Ventilationssystem. Der Vortrieb erfolgte immer nach dem Prinzip Bohren, Sprengen, Schuttern (Abräumen des Ausbruchmaterials). Pro Tag wurde auf der Nordseite ein Fortschritt von rund 7,5 m und auf der Südseite ein solcher von ca. 4,75 m erreicht. Im Sohlstollen wurde an sieben Tagen in drei Schichten in Gruppen von ca. 17 bis 20 Mann gearbeitet. Der ganze Tunnel wurde je nach Gesteinsart mit einer Gewölbemauerung und z.T. mit einer Sohlenauskleidung ausgemauert. Der Bau des Tunnels wurde von zwei schweren Unglücken im Jahr 1908 überschattet. Am 29. Februar kamen beim grossen Lawinenunglück in Goppenstein zwölf Menschen ums Leben und im Juli desselben Jahres drang nach dem Absprengen der Ladungen Geschiebe vom Gasterntal in den Stollen, was 25 Menschen das Leben kostete.

Basistunnel: Ausgehend von der schweizerischen Landesvermessung werden in den Portalbereichen Hilfsfixpunkte errichtet. Von diesen Ausgangspunkten aus wird die Absteckung mittels Polygonzügen für den Spreng- und TBM-Vortrieb vorgenommen. Die Vermessung beruht im Wesentlichen, wie zu den Zeiten des Baus des Scheiteltunnels, auf der Messung von Winkeln und Distanzen. Dank hochpräziser und automatischer Messgeräte, welche heute zum Einsatz kommen, sind Abweichungen lediglich im Zentimeterbereich zu erwarten.

Vortriebsstände vom 27.11.00

Frutigen

Oströhre Süd	0 km

Mitholz

Der 1,5 km lange Fensterstollen sowie der Fusspunkt sind erstellt.

Oströhre Nord	0,786 km
Oströhre Süd	0,728 km
Weströhre Süd	1,057 km

Ferden

Oströhre Nord	0 km *
Oströhre Süd	0 km *
Weströhre Nord	0 km *
Weströhre Süd	0 km *

* Der 4,2 km lange Zugangsstollen ist ausgebrochen. Aktuell werden Kavernen für die Infrastruktur der Grossbaustelle unter Tage erstellt.

Steg

Oströhre Süd	0,485 km

Raron

Arbeiten im Portalbereich erfolgt
Oströhre Nord: Vortriebsstart mit TBM am 1. Mai 2001
Weströhre Nord: Vortriebsstart mittels Sprengtechnik am 1. März 2001

Der Vortrieb erfolgt von fünf Angriffspunkten aus, was bei zwei Röhren zehn Vortriebe ergibt. Gearbeitet wird im Drei-Schicht-Betrieb à acht Stunden. Das Profil des Basistunnels ist für die Autoverladung ausgelegt, die später mit geschlossenen, doppelstöckigen, 4,1 m breiten und 5,45 m hohen Verladewagen erfolgen könnte. Der Durchschlag ist für Ende 2004, die Inbetriebnahme für 2006/2007 geplant.

Bau Scheiteltunnel: Druckluftlokomotive vor dem Nordportal.

Für die Zufahrt des im Tellenfeld zu erstellenden Nordportals des Basistunnels werden das Trassee bei Frutigen verlegt, die Widibrücke verlängert sowie das markante Silo- und Lagergebäude abgerissen. Vom Lötschberg-Basistunnel werden übrigens ab Frutigen aus Gründen der Rücksichtnahme gegenüber der Bevölkerung nur ca. 100 m erstellt.

Am 5. Juli 1999 erfolgte am Fusspunkt des 1, 5 km langen Fensterstollens Mitholz die erste Sprengung im Profil des Lötschberg-Basistunnels. Der Zwischenangriff Mitholz spielt beim Bau eine entscheidende Rolle. Von hier aus erfolgt der Vortrieb mittels Sprengtechnik für drei Einspurröhren, wovon zwei Richtung Ferden und eine Richtung Frutigen getrieben werden. Zum Erstellen der Bohrlöcher kommen elektronisch gesteuerte Bohrjumbos zum Einsatz. Nach dem Bohren, Laden und anschliessenden Absprengen wird gesichert und maschinell geschuttert. Anschliessend wird das Material durch Seitenlader-Trax auf Dumper verladen, welche zu den Brechern fahren, von wo aus das gebrochene Gestein mittels eines Förderbandes an die Oberfläche transportiert wird.

Neben dem Bahnhof Goppenstein befinden sich die unscheinbaren Anlagen des Fensterstollens Ferden. Ein 4,2 km langer Zugangsstollen führt zum Fusspunkt Ferden hinunter. Von hier aus werden gegen 250 Mann im Drei-Schichtbetrieb je zwei Röhren Richtung Nord nach Mitholz und zwei Richtung Süd nach Raron mittels Sprengtechnik vortreiben.

Seit dem 2. Oktober 2000 wird der Vortrieb von Steg her mittels einer offenen Hartgestein-Tunnelbohrmaschine TBM vorgenommen. Diese 142 m lange Maschine wird von 15 Mann Besatzung bedient und bohrt ein 9,4 m rundes Loch in Richtung Ferden, wo sie nach ca. 9 km auf die Mineure vom Vortrieb Ferden trifft. Bei optimalen Verhältnissen wird ein täglicher Fortschritt von bis zu 40 m erreicht.

Von Raron her wird die östliche Röhre ab Mai 2001 mittels einer Tunnelbohrmaschine (TBM) erstellt. Die westliche Röhre wird ab März 2001 bis zum Zusammentreffen des Vortriebes aus Steg mittels Sprengtechnik erstellt.

Bild: BLS

Transportwesen und Ausbruchmaterial

Scheiteltunnel: Für den Transport von Mensch und Material von und zu den Rampenbaustellen wie auch zu den Installationsplätzen für den Scheiteltunnelbau in Goppenstein und Kandersteg wurden beiderseits Dienstbahnen mit einer Spurweite von 750 mm erstellt. Das Ausbruchsmaterial wurde von Hand mittels kurzen Schaufeln in hölzerne Kastenwagen verladen und bis 1908 von Pferden, anschliessend von Druckluftlokomotiven aus dem Tunnel gezogen. Auf der Nordseite wurde das Ausbruchmaterial in der Nähe des Portals deponiert. Auf der Südseite wurde das Material zum Auffüllen der Anlagen verwendet.

Basistunnel: Die Förderung des Ausbruchmaterials erfolgt je nach Vortriebsart entweder mit einer Stollenbahn oder mittels Förderbändern zu den Umlade- oder Zwischenlagerstätten resp. Aufbereitungsstellen. Beim konventionellen Sprengvortrieb wird das Material noch im Stollen gebrochen. Für die Beschickung der Siloanlagen in den Fusspunkten Ferden und Mitholz kommt ein Versorgungsband vom jeweiligen Fensterportal zum Einsatz. Das ausgebrochene Material wird an der Stollenbrust sofort in eine der drei Klassen eingeteilt. Erst- und evtl. zweitklassige Materialteile werden unter anderem als Betonzuschlagstoff wieder verwendet. Drittklassiges Material wird deponiert oder zum Auffüllen, z.B. des im Tagebau neu zu erstellenden Lawinenschutz-Strassentunnels bei Mitholz, verwendet.

Ergänzendes zum Basistunnel

Gefahren und Gesundheitsschutz: Feuer, Rauch, Wasser- und Schlammeinbrüche sowie giftige Gase sind nur einige wenige der möglichen Gefahren, welche das Personal im Stollen erwarten. Ausserhalb der Stollen droht Gefahr durch Lawinen sowie Wasser. Das Tunnelklima mit seinen hohen Temperaturen, der Feuchtigkeit sowie den Abgasen und dem Staub stellt ein weiteres Gesundheitsrisiko dar. Technische Massnahmen, wie z.B. Partikelfilter an den Lastwagen, wurden getroffen. Zur Verminderung der Risiken wird das Personal sensibilisiert und geschult. Für die Versorgung bei einem Unfall wurden mit den umliegenden Wehrdiensten und Spitälern Rettungskonzepte erarbeitet. Zur Selbstrettung ist für jede im Tunnel beschäftigte Person eine Rettungshaube vorhanden, zusätzlich befinden sich Rettungscontainer in den Stollen. Um Katastrophen wie seinerzeit beim Bau des Scheiteltunnels zu vermeiden, wurden einerseits Sondierbohrungen auf das Niveau des Basistunnels heruntergetrieben und andererseits Lawinenverbauungen und Dämme errichtet.

Sicherheit: Für die Sicherheit im fertigen Tunnel sind alle 330 m Querschläge zwischen den benachbarten Tunnelröhren resp. dem Sondierstollen vorhanden. Die Fusspunkte Mitholz und Ferden sind für grosse Fahrzeuge ohne Probleme zugänglich und als Nothaltestellen eingerichtet. Als weitere Sicherheitsmassnahmen werden Handläufe und eine Notbeleuchtung vorgesehen. ●

Bild: BLS Alptransit

Offene Tunnelbohrmaschine TBM vor dem Fensterstollen Steg bei der Montage.

Bilder aus der Schweiz

Totgesagte leben länger: Die schweren, achtachsigen Doppelmaschinen der BLS Lötschbergbahn kamen im Jahr 2000 wieder in den Einsatz. Im Bild die Ae 8/8 Nr. 275 vor einem Aushubzug bei Raron.

FOTO RENÉ KAUFMANN

Integral-Dieseltriebzug der Bayerischen Oberland-Bahn (BOB) im Einsatz für die BLS im Simmental nach den Lothar-Sturmschäden. Oberwil, 3. Januar 2000.

FOTO ARMIN SCHMUTZ

Auch nach der Jahrtausendwende liegen Werbeloks im Trend. Die Re 446 447 der Südostbahn wirbt für „tesa“. Das Foto entstand bei Rothenthurm.

FOTO ERIK SCHNEIDER

Die Züge der Dampfbahn Furka-Bergstrecke (DFB) fahren fahrplanmässig von Realp bis Gletsch. Die HG 3/4 Nr. 1 „Furkahorn“ mit Zug 156 B bei Muttbach.

FOTO BRUNO HITZ

Titelbild: B. Sydow
Rücktitel: B. Eisenschink

Gedruckt auf chlorfrei gebleichtem Papier

Die Deutsche Bibliothek – CIP-Einheitsaufnahme
Ein Titeldatensatz für diese Publikation ist bei
Der Deutschen Bibliothek erhältlich

Internet: www.bruckmann.de
www.geranova.de

Projektmanagement/Herstellung:
Bruckmann, München
Printed by Neografia
ISBN: 3-7654-3792-1